DIE ANSĀRĪ - GEDENKREIHE

Der QUR'ĀN und der Mond

Methodik zur monatlichen Rezitation des Korans

Imran N. Hosein

INH Publikationen
Trinidad und Tobago

Published in original in english by
Imran N. Hosein Publications,
3, Calcite Crescent,
Union Hall Gardens
San Fernando
Trinidad and Tobago

Website: www.imranhosein.org
Bookstore: www.imranhosein.com
Email: inhosein@hotmail.com

Translated in German by
Dr. Ansari-Memorial-Team
Germany - Switzeland

Contact:
www.ansarimemorial-germany@gmx.de

Cover design by
Dr. Ansari-Memorial-Team
Germany - Switzeland
Email: www.ansarimemorial-germany@gmx.de

Herstellung und Verlag:
BoD – Books on Demand, Norderstedt
ISBN: 9783758318290

Ein Hinweis an unsere vornehmen Leser!

Die Wahrheit zu „Wissen" und die Wahrheit zu „kosten" sind nicht ein und dasselbe! Solange Sie nicht auf den Flügeln der Zeit fliegen, im Ozean der Zeit schwimmen oder ihr Zeitgefühl in einer zeitlosen Welt verlieren, haben Sie die Wahrheit noch nicht „gekostet"! Der *Kor'an* muss mit dem „Mond" rezitiert und wie die „Sterne" studiert werden, um eben auf genau diese Aufregung – den „Geschmack" der Wahrheit, zu kommen! Jene, dessen Mond in Saudi-Arabien oder Marokko liegt obwohl sie selbst in London sind, wissen das nicht und werden es womöglich auch nie erfahren. Aber ihr, unsere vornehmen Leser, wisst es jetzt; also Fahrt fort mit eurem leben und eines Tages werdet ihr, womöglich, mit der aufregenden Erfahrung der Zeitlosigkeit und vielleicht mit dem 'Geschmack' der Wahrheit gesegnet werden!

Alles Liebe,

INH

$$\text{إِنَّ عَلَيْنَا جَمْعَهُ وَقُرْآنَهُ ۝ فَإِذَا قَرَأْنَاهُ فَاتَّبِعْ}$$

$$\text{قُرْآنَهُ ۝ ثُمَّ إِنَّ عَلَيْنَا بَيَانَهُ}$$

(Kor'an, el-Kiyāma, 75:17-19)

Seht her, uns obliegt es, alle Offenbarungen zu einem Ganzen zu sammeln, und uns obliegt es, ihn rezitieren zu lassen, so wie er rezitiert werden muss. Wenn wir ihn rezitieren, müsst ihr folglich dieser Art der Rezitation folgen; und seht her, uns obliegt es ihn darzulegen.

[Allah der allerhöchste hat den *Kor'an* durch den Engel Gabriel rezitiert, der jede Nacht des *Ramadān*, mit dieser göttlichen Rezitation zum Propheten (صلى الله عليه و سلم) gekommen ist und die gesamte Rezitation des *Kor'an* in einem Mondmonat vollendet hat.]

$$\text{وَقُرْآناً فَرَقْنَاهُ لِتَقْرَأَهُ عَلَى النَّاسِ عَلَى مُكْثٍ وَنَزَّلْنَاهُ}$$

$$\text{تَنزِيلاً}$$

(Kor'an, el-Isra, 17:106)

Das ist ein *Kor'an*, den wir in Teile unterteilt haben bzw. in *Suren* (*Suwar*, plural von *Sure(Süren)*). Das haben wir gemacht damit du es den Leuten in Zeitabständen vortragen kannst, konform zu der Einteilung in *Suren*. Ferner haben wir es Teil für Teil herab gesandt.

[Eine *Sure* ist eine Mauer. Da Allah der allerhöchste im *Kor'an* bereits die Mauern erbaut hat, ist folglich niemand dazu autorisiert mehr Mauern im *Kor'an* bauen!]

Gewidmet:

An meine lieben Studenten im gesegneten
Mombasa

Amani Chifwete und

Abu Muhammad Jeilani.

Sie standen neben mir, sowohl im Regen als auch
im Sonnenschein!

VORWORT

Dieses Buch zum Thema „Der Kor'an und der Mond – Methodik zur monatlichen Rezitation des Kor'an", ist ein begleitendes Band zu meinem vorherigen Buch mit dem Titel „Methodik zum Studieren des Kor'an"; welches jetzt jedoch umbenannt wird in: „Der Kor'an und die Sterne – Methodik zum Studieren des Kor'an".

Am Mittag des 29. Tages des Schaban 1440(H) war ich in London, Als bekannt wurde, dass der Mond des Ramadān nirgends im Vereinigten Königreich zu sehen ist, trotzdem haben Schulknaben in der muslimischen Gemeinschaft verkündet, der Ramadān habe in Großbritannien angefangen. Die „Schafe" und die „Rinder" sind anschließend blind gefolgt! Der gleiche Fehler wurde 1441(H) begangen als die mit dem Fasten einen Tag früher begonnen haben, mit dem Vorwand, dass die am 30. Tag des Schaban angekommen seien. Die „Schafe" und die „Rinder" sind wieder blind gefolgt!

Sie handelten auf Basis einer Verkündung, der Mond sei in Dajjal's Königreich von Saudi-Arabien gesichtet worden oder der Mond sei in Saudi-Arabien gesehen worden und somit haben jene sowohl einen dummen Fehler als auch einen gefährlichen Fehler begangen indem die sich vom System der Zeit, welches durch

Allah den allerhöchsten bestimmt wurde, getrennt haben. Dieses Buch erklärt diesen Fehler. Die, die diese falsche Entscheidung gefällt haben sowie jene die diese Entscheidung akzeptiert haben und ihr gefolgt sind, werden am Tag des Jüngsten Gerichts dafür zur Frage und Antwort stehen. Da sie Ramadān (oder Schaban vor Ramadān) am falschen Tag begonnen haben, bedeutet das, dass sie die größte Nacht des Jahres – nämlich Leyletul Qadr – verloren haben; und anschließend wurde sogar mehr Schaden angerichtet als sie folglich die Kapazität verloren haben, von der Mondzeit zur kosmischen Zeit und infolgedessen zur absoluten Zeit zu verbinden. Nur die Mondzeit kann uns in eine zeitlose Welt bringen; ohne die Mondzeit können wir sogar auf einen Berg steigen und in einer Höhle sitzen – aber niemals irgendwo ankommen!

Jene wissen womöglich nicht, dass uns nur die Mondzeit in eine zeitlose Welt bringen kann und wer niemals die Zeitlosigkeit gekostet hat, wird eventuell ein gefangener dieser Welt (Dunyah) sein.

Der Imām der Purley Moschee in Croydon, London, hat mich in Tränen drum gebeten, das Thema der Mondsichtung zur Ermittlung des Beginns eines Mondmonats im Islam zu erklären, so dass Muslime bei diesem Thema besser geleitet werden. Dieses Buch entstand als eine Folge meines Versuchs, auf diese

Anfrage zu antworten und ich bin zuversichtlich, das jetzt unsere Erklärung über das Thema Dajjal und das System der Zeit im Islam, jene Muslime die denken können, davon abhalten wird jemals wieder denen zu folgen die zwar in London leben, aber leichtsinnig den Saudi oder Marokkanischen Mond huldigen.

Ich bin dankbar für die unzähligen Hilfsangebote so vieler Menschen die ich erhalten habe, um die Kosten für den Druck dieses Buches in verschiedenen Sprachen zu decken, so dass, zusätzlich zum Verkauf in meiner Buchhandlung, www.imranhosein.com, große Mengen an Kopien gratis in Großbritannien und anderen Gegenden verteilt werden konnten. Keine Stadt in Großbritannien ist mir dies bezüglich so entgegengekommen wie die Stadt Leicester. Möge der Grundgütige Allah sie alle segnen. Amīn! Diejenigen die dieses Buch gelesen haben und an der Bemühung einer kostenlosen Verteilung großzähliger Exemplare teilhaben wollen, sollten mich bitte per E-Mail kontaktieren.Wenn Sie wollen, dass ich Ihrer Gemeinschaft dieses Thema persönlich vortrage, senden Sie mir bitte eine E-Mail und wenn Allah es will werde ich zu Ihnen kommen.

INH (inhosein@hotmail.com)

Schawwāl, 1441. In der Karibischen Insel Trinidad

Inhalt

DER KOR'AN UND DER MOND:

GÖTTLICHE METHODIK ZUR MONATLICHEN REZITATION DES KOR'AN

KAPITEL EINS

DAS WORT „KOR'AN" BEDEUTET „EINE REZITATION"

Die Tora ist der „Name" der offenbarten Schrift, welche Moses, *bzw. Nabī Mūsa,* herabgesendet wurde; ähnlich ist *Zabūr* (bekannt als Buch der Psalmen) der Name, der gegenüber David, bzw. *Nabī Dāud,* herabgesandten offenbarten Schriften. Und der Name *Injīl,* oder Bibel, wurde der offenbarten Schrift gegeben, die Jesus, bzw. *Nabī ʿĪsā* (عليهم السلام) herabgesendet wurde. Diese offenbarten Schriften haben alle „Namen" aber die aller letzte offenbarte Schrift die *Nabī* Muhammed (صلي الله عليه و سلم,) herabgesendet wurde, wurde einfach *Kor'an* benannt – dessen Bedeutung „eine Rezitation" ist.

Zusätzlich dazu ist das erste Wort, welches im *Kor'an* offenbart wurde, der göttliche Befehl: اقْرَأْ „Ließ".

Da der *Kor'an* Menschen gesendet wurde die „denken"
(لِقَوْمٍ يَتَفَكَّرُونَ,) hat die ganze Menschheit die Pflicht zu
denken, um diese ungewöhnliche Namensgebung zu
verstehen. Wieso wurde diese Schrift einfach „eine
Rezitation" genannt? Weshalb war der Befehl: „Ließ"
das erste offenbarte Wort in dem *Kor'an*?

Unsere Antwort zur obigen Frage ist, dass ein göttlicher
Imperativ bei der Wahl des Namens festgelegt wurde,
mit dem Effekt, dass diese einzigartige letzte göttliche
Schrift für die Menschheit dazu bestimmt ist, zunächst
einmal, Rezitiert zu werden.

Des Weiteren sind wir der Ansicht, dass, da es primär
unsere Pflicht ist den *Kor'an* zu rezitieren, dies bedeutet,
dass wir den *Kor'an* nicht wirklich studieren können
ohne ihn dauernd zu rezitieren. Erst kommt die
Rezitation! Dann das Studieren!

Es gibt bestimmte Vorbereitungen, um den *Kor'an* zu
rezitieren, die generell bekannt sind und daher auch
nicht erwähnt werden müssen, mit Ausnahme kurzer
Beispiele. Zum Beispiel müssen wir, bevor wir den
Kor'an rezitieren, von Allah den allerhöchsten Schutz
vor dem verfluchten Teufel suchen (el-*Nahl*, 16:98); der
Kor'an muss mit *Tartil rezitiert werden*, bzw. wohlklingend

(el-*Musemmil*, 73:4); wir müssen aufmerksam zuhören, wenn der *Kor'an* rezitiert wird (el-*Aräf*, 7:204). Aber was noch viel wichtiger ist, wir müssen uns immer über die Tatsache bewusst sein, dass Allah der allerhöchste dem *Kor'an* auch etwas Heilendes gegeben hat und dies somit auch unsere Gesundheit schützen kann, wenn wir in der Endzeit den großen Gefahren für unsere körperliche, moralische und geistige Gesundheit ausgesetzt sind. Allah der allerhöchste hat verkündet das „niemand, außer den sauberen und reinen, den *Kor'an* überhaupt berühren kann" (das deutet darauf hin, dass das Wissen im *Kor'an* nicht durchdrungen werden kann, es sei denn das Herz ist der Wahrheit treu); folglich macht der *Schifä*, oder die Heilung, welches das Herz durch das dauernde Rezitieren des *Kor'an* erlangt, das Herz wieder rein das ist wiederum nötig, um den *Kor'an* zu studieren.

Die orientalistischen Gelehrten westlicher Universitäten wie Oxford, Cambridge, Temple, Yale, Harvard, Colombia, der Sorbonne, usw., welche mit ihren Doktortiteln in Islamwissenschaft geschmückt und Leiter und Direktoren von Doktorarbeiten im Islam sind, aber dennoch den Befehl verächtlich ablehnen, den *Kor'an* mit glaube und reinen Herzens zu rezitieren, sind jetzt als Gelehrte enttarnt, dessen Wissenschaft über den *Kor'an* so gering ist, dass diese das Wissen im *Kor'an* nicht einmal berühren können. Das ist die Folgerung von Allahs Erklärung, dass nur die mit sauberem und reinen (mit glaube erfüllten) Herzens den *Kor'an* wahrlich studieren können:

$$\text{لَّا يَمَسُّهُ إِلَّا الْمُطَهَّرُونَ}$$

(Kor'an, el-Wāqia, 56:79)

Niemand kann (das Wissen in) diesen Kor'an berühren, außer denen, die reinen und sauberem Herzens sind.

Damit jemand qualifiziert sein kann den *Kor'an* zu studieren, muss dessen Herz nicht nur dem *Kor'an* als das Wort des einen Gottes, glauben. Sondern auch der „*Wahrheit*" treu sein. Dieser Schriftsteller eilt nachdrücklich mit der Erklärung, dass die *Wahrheit* null Toleranz für „Unterdrückung" hat. Diejenigen die es unangenehm finden zu erkennen oder es einfach nicht erkennen können, dass die USA, die venezolanische Regierung und dessen Volk unterdrückt, seitdem Hugo Chavez die Ketten der amerikanischen Sklaverei des armen venezolanischen Volkes brach, sind taub, stumm und blinde Menschen dessen Zustand mit einem „Schaf" und einem „Rind" gleich zu setzen ist! Andererseits sind jene, die den „Unterdrücker" unterstützen, selbst Unterdrücker! Solche Menschen besitzen Herzen frei von *Glauben* und infolgedessen frei von der *Wahrheit*!

Dieses Buch wurde geschrieben, um unsere Leser daran zu erinnern, das treue zum *Kor'an*, zuerst durch konstantes Rezitieren erreicht wird. Es gibt eine unzerbrechliche Verbindung zwischen dauerhaftem „Rezitieren" und „Studieren" des *Kor'an*. Das ist die klare Schlussfolgerung folgenden Versen, in denen die „Erklärung" des *Kor'an*, dem „rezitieren" folgt:

$$\text{إِنَّ عَلَيْنَا جَمْعَهُ وَقُرْآنَهُ ۝ فَإِذَا قَرَأْنَاهُ فَاتَّبِعْ قُرْآنَهُ ۝ ثُمَّ إِنَّ عَلَيْنَا بَيَانَهُ}$$

(Kor'an, el-Kiyāma, 75:17-19)

Seht her, uns obliegt es, alle Offenbarungen zu einem Ganzen zu sammeln und ihn rezitieren zu lassen [so wie er rezitiert werden muss]. Wenn wir ihn rezitieren, müsst ihr folglich dieser Art der Rezitation folgen; und seht her, uns obliegt es ihn darzulegen.

Wir stellen jetzt die Frage: wenn dieses Buch rezitiert werden soll, gibt es eine bestimme Art und Weise es zu rezitieren oder können wir rezitieren, wie wir wollen?

Rezitiere den Kor'an auf die Weise wie Allah der allerhöchste es rezitiert!

Allah der allerhöchste hat befohlen, dass der *Kor'an* auf die Weise rezitiert werden soll, wie er es rezitiert, hat:

$$\text{فَإِذَا قَرَأْنَاهُ فَاتَّبِعْ قُرْآنَهُ}$$

(Kor'an, el-Kiyāma, 75:18)

Und wenn wir den Kor'an rezitiert haben, O Muhammed, musst du dieser Art der Rezitierung folgen!

Der Leser wäre neugierig zu erfahren: wann hat Allah der allerhöchste den *Kor'an*, dem Propheten Muhammed (صلي الله عليه و سلم) rezitiert? Es gibt einen Überfluss an Beweisen, dass der *Kor'an* 23 Jahre lang immer von Zeit zu Zeit, dem Herzen des Propheten göttlich offenbart wurde. Diese Art der Offenbarung ist bekannt als *Wahī*. Aber wir kennen nur einen Fall der göttlichen Rezitation, *bzw. Qira'a,* des gesamten *Kor'an* gegenüber dem Propheten; das war natürlich, als der Engel Gabriel jede Nacht des *Ramadān* zum Propheten kam, um dem *Kor'an* zu rezitieren. Deshalb muss es diese nächtliche *Qira'a* des *Kor'an* im *Ramadān* sein, welcher Allah der allerhöchste als göttliche Rezitation bezeichnet:

عَنْ فاطمة عَنْ النَّبِيّ صلى الله عليه وسلم قَالَ أَسَرَّ إِلَيَّ إِنَّ جِبْرِيلَ كَانَ يُعَارِضُنِي الْقُرْآنَ كُلَّ سَنَةٍ مَرَّةً وَإِنَّهُ عَارَضَنِي الْعَامَ مَرَّتَيْنِ وَلَا أُرَاهُ إِلَّا حَضَرَ أَجَلِي وَإِنَّكِ أَوَّلُ أَهْلِ بَيْتِي لَحَاقًا بِي فَبَكَيْتُ فَقَالَ أَمَا تَرْضَيْنَ أَنْ تَكُونِي سَيِّدَةَ نِسَاءِ أَهْلِ الْجَنَّةِ أَوْ نِسَاءِ الْمُؤْمِنِينَ فَضَحِكْتُ لِذَلِكَ

Fatima berichtet: Der Prophet, Friede und Segen seien mit ihm, sagte, "Gabriel kommt jedes Jahr einmal zu mir, um den *Kor'an* zu wiederholen. Dieses Jahr hat er es mit mir zweimal wiederholt. Ich denke, dass bedeutet nichts anderes als das meine Zeit zum Ende kommt. Du wirst wahrlich die erste aus meinem

Haus die mich treffen wird". Daraufhin weinte ich und der Prophet sagte, "Wärst du denn nicht glücklich mit dem Meister(in) der Frauen im Paradies zu sein, oder würdest du es bevorzugen (hier unten) mit den gläubigen Frauen zu sein?" Daraufhin lachte ich.

(Sahīh Buchārī)

كَانَ النَّبِيُّ صلى الله عليه وسلم أَجْوَدَ النَّاسِ، وَأَجْوَدُ مَا يَكُونُ فِي رَمَضَانَ، حِينَ يَلْقَاهُ جِبْرِيلُ، وَكَانَ جِبْرِيلُ ـ عَلَيْهِ السَّلاَمُ ـ يَلْقَاهُ فِي كُلِّ لَيْلَةٍ مِنْ رَمَضَانَ، فَيُدَارِسُهُ الْقُرْآنَ فَلَرَسُولُ اللَّهِ صلى الله عليه وسلم أَجْوَدُ بِالْخَيْرِ مِنَ الرِّيحِ الْمُرْسَلَةِ.

Ibn Abbas erzählt:

Der Prophet war der großzügigste aller Menschen und im *Ramadān* wurde er sogar noch großzügiger, wenn ihn Gabriel besucht hat. Gabriel hat ihn immer jede nach des *Ramadān* besucht, um den *Kor'an* mit ihm zu wiederholen. Allahsbote wurde dann jedesmal großzügiger als der schnelle Wind.

(Sahīh Buchārī)

Um dem göttlichen Befehl, „folge dieser Art und Weise des Rezitierens" folge zu leisten, müssen wir jetzt untersuchen, wie der *Kor'an* jede Nacht des Monats *Ramadān rezitiert wurde.*

Da Allah der allerhöchste den gesamten *Kor'an* (durch den Engel Gabriel) während des gesegneten Monats eines jeden Jahres rezitiert hat, haben wir die Pflicht den gesamten *Kor'an* vom Anfang bis zum Ende während des *Ramadān* Monats zu rezitieren; tatsächlich hat der Prophet uns gebeten den *Kor'an* von Anfang bis Ende zumindest einmal jeden Mondmonat zu rezitieren:

قَالَ لِي رَسُولُ اللهِ صَلَّى اللهُ عَلَيْهِ وَسَلَّمَ اقْرَأْ الْقُرْآنَ فِي كُلِّ شَهْرٍ قَالَ قُلْتُ إِنِّي أَجِدُ قُوَّةً قَالَ فَاقْرَأْهُ فِي عِشْرِينَ لَيْلَةً قَالَ قُلْتُ إِنِّي أَجِدُ قُوَّةً قَالَ فَاقْرَأْهُ فِي سَبْعٍ وَلَا تَزِدْ عَلَى ذَلِكَ

Abdullah ibn Amr berichtet: Der Prophet, Friede und Segen seien mit ihm, hat gesagt: „Liest den Kor'an einmal im Monat." Daraufhin sagte ich, „Ich habe die Kraft mehr zu machen." Der Prophet sagte, „Dann liest es in zwanzig Nächten." Ich sagte, „Ich habe die

Kraft mehr zu machen." Der Prophet sagte, „Dann liest es in sieben Nächten aber nicht mehr als das."

(Sahīh Buchārī; Sahīh Muslim)

Der Engel hat den *Kor'an* jede Nacht des *Ramadān* rezitiert und die Rezitation des gesamten *Kor'an* während des *Ramadān* Monats abgeschlossen, folglich haben wir die Pflicht, die Einteilungen des *Kor'an* für die tägliche Rezitation festzustellen, um den gesamten *Kor'an* im Zeitraum eines Monats abzuschließen. Diese tägliche Portion nennt man *Dschus* (plural *Adschsa*). Das persische Wort *Sipara,* wird auch oft für *Dschus benutzt.* Des Weiteren haben wir eine Pflicht den *Kor'an* so zu rezitieren, wie er rezitiert werden soll – welches die Weise ist wie Allah der allerhöchste ihn rezitiert hat – infolge dessen müssen wir feststellen welches der erste *Dschus* und welches der zweite *Dschus* usw. ist, und das ist das Thema dieses Buches. Es ist möglich den *Kor'an* mehr als einmal im Monat zu rezitieren aber das Thema behandeln wir in diesem Buch nicht.

KAPITEL ZWEI

WESHALB SIND DIE LÄNGSTEN SŪREN AM ANFANG DES KOR'AN UND DIE KÜRZESTEN AM ENDE?

Wenn wir den gesamten *Kor'an* von Anfang bis Ende im Zeitraum eines Mondmonats rezitieren wollen und deshalb feststellen müssen welches die erste Dschus, welches die zweite usw. ist, müssen wir unsere Aufmerksamkeit darauf richten wie der *Kor'an* eingeteilt ist. Wir wissen, dass der Engel Gabriel (عليه السلام) dem Propheten (صلي الله عليه و سلم) im Zeitraum von 23 Jahren in Intervallen kam, um seinem Herz die Offenbarung des *Kor'an* vermitteln. Einige Offenbarungen bestanden aus kurzen Passagen während andere recht lang waren. Der Engel hatte den heiligen Propheten darüber informiert, an welche Stelle des Buches, welche Offenbarung kommen soll. Dieses Buch beschäftigt sich nicht mit der chronologischen Reihenfolge der Offenbarungen im *Kor'an*; vielmehr richten wir die Aufmerksamkeit auf die Reihenfolge in der, der *Kor'an* in *Suren* (plural von *Sūre*) eingeteilt wurde und deren Lage im *Kor'an*.

Die ersten 11 *Sūren* des *Kor'an* – nach *Sure el-Fātiha* – mit signifikanter Ausnahme von *Sure el-Anfāl, bzw.,*

el-Baqarah: 286 verses, Āli Imrān: 200, el-Nisā': 177, el-Māideh: 120, el-En'ām: 166, el-A'rāf: 206, el-Enfāl: 75, el-Taubah: 129, Yūnus: 109, Hūd: 123 and Yūsuf: 111

sind lange *Suren*. Das kann kein Zufall gewesen sein. Es muss einen Grund für diese Anordnung der *Suren* im *Kor'an* geben. Weshalb sind alle langen *Suren* am Anfang des *Kor'an?* Weshalb befindet sich die längste *Sure* des *Kor'an, bzw. Sure el-Baqara* (mit 286 Versen) am Anfang des *Kor'an?*

Die letzten 18 *Suren* des *Kor'an* sind wiederum alle etwa 10 Versen lang, *bzw.,*

el-Qadr 5, el-Beyyineh 8, el-SelSeleh 8, el-Ādiyāt 11, el-Qāriah 11, el-Takāsur 8, el-Aṣr 3, el-Humeseh 9, el-Fīl 5, Quraisch 4, el-Mā'ūn 7, el-Kevser 3, el-Kāfirūn 6, el-Nasr 3, el-Mesed 5, el-Ichlāṣ 4, el-Felaq 5, und el-Nās 6.

Weshalb endet der *Kor'an* mit kurzen *Suren* und weshalb befinden sich die kürzesten *Suren* von allen, *bzw.* *Sure el-Kevser* und *Sure el-Nasr* (mit je nur 3 versen), ganz am Ende des *Kor'an*?

Zuallerletzt, wieso nimmt die Länge der *Suren* im *Kor'an* generell vom Anfang bis zum Ende ab?

Hier ist eine Liste aller *Suren* im *Kor'an* mit der Anzahl der Verse je *Sūre*. Für unsere vornehmen Leser sollte es recht einfach sein die sukzessive Abnahme der Länge der *Suren,* von Anfang bis Ende des *Kor'an,* zu erkennen. Unsere Leser sollten beachten das unterschiedliche Ansichten über die Länge der *Ayāt,* oder Verse, in jeder *Sure* des *Kor'an* existieren und das ist genau aus dem Grund, dass der *Kor'an* nicht als geschriebenes Dokument mit klar definierten Versen offenbart wurde. Es wurde eher Menschenfleiß benötigt, um die Anzahl der Verse für jede *Sure* festzulegen – daher die unterschiedlichen Zahlen:

1) el-Fātihah 7;

Durchgehend lange *Suren*

2) el-Baqarah 286;

3) Al-i Imrān 200;

4) el-Nisā' 177;

5) el-Māideh 120;

6) el-En'ām 166;

7) el-A'rāf 206;

Lange *Suren* gemischt mit mittelgroßen *Suren*

8) el-Enfāl 75;

9) el-Taubah 129;

10) Yūnus 109;

11) Hūd 123;

12) Yūsuf 111;

13) el-Ra'd 43;

14) Ibrahīm 52;

15) el-Ḥijr 99;

16) el-Naḥl 128;

17) el-Isrā 111;

18) el-Kahf 110;

19) Meryem 98;

20) Tā Ḥā 135;

21) el-Enbiyāh' 112;

22) el-Ḥajj 78;

23) el-Mu'minūn 118;

24) el-Nūr 64;

25) el-Furqān 77;

26) el-Schu'ara 227;

Mittelgroße *Suren* gemischt mit kurzen *Suren*

27) el-Neml 93;

28) el-Qasas 88;

29) el-Ankebūt 69;

30) el-Rūm 60;

31) Luqmān 34;

32) el-Sejdeh 30;

33) el-Ahzāb 73;

34) Sebe 54;

35) Fātir 45;

36) Yā Sīn 83;

37) el-Sāfāt 182;

38) Sād 88;

39) el-Sumer 75;

40) Ghāfir 85;

41) Fussilet 54;

42) el-Schurā 53;

43) el-Suchruf 89;

44) el-Duchān 59;

45) el-Jāsiyeh 37;

46) el-Achqāf 35;

47) Muhammed 38;

48) el-Feth 29;

49) el-Hudschurāt 18;

50) Qāf 45;

51) el-Dhāriyāt 60;

52) el-Tūr 49;

53) el-Nejm 62;

54) el-Qamer 55;

55) el-Rahmān 78;

56) el-Wāqiah 96;

57) el-Hadīd 29;

58) el-Mujādileh 22;

59) el-Haschr;

60) Mumtahineh 13;

61) el-Saff 14;

62) el-Dschumu'ah 11;

63) el-Munāfiqūn 11;

64) el-Teghābun 18;

65) el-Talāq 12;

66) el-Tahrīm 12;

67) el-Mulk 30;

68) el-Qalem 52;

69) el-Ḥāqqah 52;

70) el-Mʿarij 44;

71) Nūh 28;

72) el-Dschinn 28;

73) el-Mussemmil 20;

74) el-Muddathsir 56;

75) el-Qiyāmah 40;

76) el-Insān 31;

77) el-Murselāt 50;

78) el-Nebe 40;

79) el-Nāziāt 46;

80) Abasa 42;

81) el-Tekwīr 29;

82) el-Infiṭār 19;

83) el-Mutaffifīn 36;

84) el-Inschiqāq 25;

85) el-Burūj 22;

86) el-Tāriq 17;

87) el-Aʿlā 19;

88) el-Ghāschiyeh 26;

89) el-Fajr 30;

Durchgehend kurze *Suren*

90) el-Beled 20;

91) el-Schems 15;

92) el-Leyl 21;

93) el-Duhā 11;

94) ElemNeschreḥ 8;

95) el-Tīn 8;

96) el-Alaq 19;

97) el-Qadr 5;

98) el-Beyyineh 8;

99) el-Selseleh 8;

100) el-Ādiyāt 11;

101) el-Qāriah 11;

102) el-Tekāsur 8;

103) el- Asr 3;

104) el-Hamasah 9;

105) el-Fīl 5;

106) Quraisch 4;

107) el-Māʿūn 7;

108) el-Kevser 3;

109) el-Kāfirūn 6;

110) el-Nasr 3;

111) el-Mesed 5;

112) el-Ichlās 4;

113) el-Felaq 5;

114) el-Nās 6.

Wir erinnern unsere Leser daran, dass es bei dem Thema dieses Buches keinen Unterschied macht, ob es in der Zahl der Verse in einigen *Suren* des *Kor'an* Unterschiede gibt. Die Differenz ist entstanden, weil die Menge an Versen nicht göttlich offenbart wurde.

Aber es gibt da ein nennenswertes Problem welches wir im Zusammenhang mit unserer Anerkennung der kontinuierlich abnehmenden *Suren* Größe, vom Anfang bis zum Ende, im *Kor'an* angehen müssen; das Problem ist, dass es eine *Sure* gibt, welche vor *Sure el-Baqara* liegt und nur sieben Verse lang ist. Aufgrund seiner sehr kurzen Länge von nur sieben Versen sollte diese *Sure* logischerweise eher am Ende liegen als genau am Anfang des *Kor'an*. Wieso liegt dann eine solche kurze *Sure* am Anfang des *Kor'an*?

Sure el-Fātihah

Allah der allerhöchste hat über den *Kor'an* verkündet, dass es eine noble und großzügige „Rezitation" ist welches in einem bewachten und geschützten „Buch" liegt:

$$إِنَّهُ لَقُرْآنٌ كَرِيمٌ$$

Seht her, es ist wahrhaftig eine noble Rezitation,

$$فِي كِتَابٍ مَّكْنُونٍ$$

in einem gut bewachten Buche [den Menschen vermittelt]

(Kor'an, el-Wāqia, 56:77-78)

Eben gerade aus dem Grund, dass dieses Buch bewacht und geschützt wird, braucht der Leser einen Schlüssel der, die Türe öffnet, die das Buch von jeder Seite bewachen:

$$لَا يَأْتِيهِ الْبَاطِلُ مِن بَيْنِ يَدَيْهِ وَلَا مِنْ خَلْفِهِ تَنزِيلٌ مِّنْ حَكِيمٍ حَمِيدٍ$$

(Kor'an, Fussilet, 41:42)

Nichts Falsches kann je dieses Buch durchdringen, um es zu verderben – weder auf eine offene noch auf eine heimliche weise, denn es wurde durch den einen Weisen und stets gelobten herabgesandt.

Unsere Schlussfolgerung ist, dass der Name der *Sūre*, bzw. *el-Fātihah*, darauf deutet, dass wann immer der *Kor'an* rezitiert wird, es beim Öffnen der Türe des *Kor'an* eine Rolle spielt.

Der *Kor'an* bestätigt, dass diese *Sure* einen speziellen Status und eine spezielle Rolle spielt, was es von den anderen *Suren* abhebt (denn es muss stets rezitiert werden, wann immer der *Kor'an* rezitiert wird). Das tut es in diesem Vers, welches diese *Sure* vom Rest des *Kor'an* unterscheidet:

$$\text{وَلَقَدْ آتَيْنَاكَ سَبْعًا مِّنَ الْمَثَانِي وَالْقُرْآنَ الْعَظِيمَ}$$

(Kor'an, el-Hijr, 15: 87)

In der Tat, wir gaben dir sieben Verse die ständig rezitiert werden müssen, und (zusätzlich dazu) diesen vollendeten Kor'an.

Weshalb erwähnt Allah der allerhöchste (in die obigen Verse), zunächst *Sure el-Fātihah* und dann den *Korʿan*. Unsere Interpretation dieser Erklärung ist, dass zuerst *Sure el-Fātihah* rezitiert werden sollte, wann immer wir den *Korʿan* rezitieren wollen. Das ist der Grund!

Wir können jetzt mit Sicherheit erkennen, dass die erste *Sure* des *Korʿan,* nach dem Schlüssel, der den *Korʿan* öffnet, genauer gesagt der ständig rezitierten *Sure el-Fātihah, Sure el-Baqarah* ist.

Weshalb sind die langen Suren am Anfang und die kurzen Suren am Ende des Korʿan? Wieso befindet sich die allerlängste Sure am Anfang des Korʿan?

Wenn wir versuchen, diese sehr wichtige Frage zu beantworten: (Weshalb befindet sich die allerlängste *Sure* im *Korʿan,* bzw. *Sure el-Baqarah* mit 286 Versen, am Anfang des *Korʿan?*), müssen wir uns eilen, den vornehmen Leser an die Deklaration zu erinnern, dass Allah der allerhöchste den *Korʿan* unterteilt, hat damit dieser in Intervallen rezitiert werden kann:

وَقُرْآناً فَرَقْنَاهُ لِتَقْرَأَهُ عَلَى النَّاسِ عَلَى مُكْثٍ وَنَزَّلْنَاهُ تَنزِيلاً

(Kor'an, el-Isra, 17:106)

Das ist ein Kor'an den wir in Teile unterteilt haben, bzw. Suren (plural von Sure). Das haben wir gemacht damit du es den Leuten in Intervallen rezitieren kannst und in Übereinstimmung mit diesen Teilungen als Suren. Und wir haben es stück für stück hinab gesandt.

Die Folgerung des obigen ist, dass Allah der allerhöchste den *Kor'an* in *Suren* unterteilt hat, damit diese als *Ajsa* oder Teile funktionieren, die rezitiert werden sollen, wann immer wir den *Kor'an* „*chatm*", bzw. von vorne bis hinten rezitieren wollen.

Um den gesamten *Kor'an* in einem Mondmonat abzuschließen, kann eine solche Rezitation in täglichen Intervallen gemacht werden, und das ist die Weise wie Allah der allerhöchste den *Kor'an* selbst rezitiert hat (durch den Engel Gabriel während des *Ramadān* Monats). Die Intervalle können natürlich auch so genutzt werden, dass der *Kor'an* alle 20 Tage, alle 10 Tage oder jede Woche rezitiert wird.

Allah der weiseste hat die längste *Sure* aus einem bestimmten Grund und Zweck an den Anfang des *Kor'an* gesetzt. Unserer Sicht nach hat er das gemacht, um uns zu Testen und zum Nachdenken zu zwingen. Müssen wir die gesamte *Sure el-Baqarah* als unsere erste *Dschus,* am ersten Tag des Monats rezitieren, wenn wir täglich rezitieren, um es in einem Mondmonat abzuschließen oder können wir die *Sure* für das rezitieren in einem bestimmten Zeitraum, über mehr als einen Tag des Mondmonats, in mehrere Teile unterteilen?

Die Antwort dazu ist äußerst wichtig, um die richtige Art und Weise herauszufinden wie der *Kor'an,* im Zeitraum eines Mondmonats oder weniger, rezitiert werden muss.

Die Antwort auf diese Frage gibt Allah der allerhöchste, indem er folgendes befiehlt:

$$\text{فَإِذَا قَرَأْنَاهُ فَاتَّبِعْ قُرْآنَهُ}$$

(Kor'an, el-Kiyāmah, 75:18)

Und nachdem wir es rezitiert haben, genauer gesagt, wenn wir es durch den Engel Gabriel auf die Weise überliefert haben, wie es rezitiert werden muss, musst du dieser Art der Rezitierung, des Kor'ans, folgen.

Prophet Muhammed (صلى الله عليه و سلم) hat *Sure el-Baqarah* niemals zum täglichen Rezitieren in mehrere Teile unterteilt. Tatsächlich hat Allah der allerhöchste, eine solche Unterteilung von *Suren* – einschließlich *Sure el-Baqarah* – zur täglichen Rezitierung des *Kor'an*, verboten. Das tat er, als er in *Sure el-Hijr* bekannt gab, dass er Prophet Muhammed (صلى الله عليه و سلم) als Warner gesandt hat und dann hat er jene die den *Kor'an* (zum Rezitieren) willkürlich unterteilen, davor gewarnt, dass diese ihm am Tag des Jüngsten Gerichts Antworten müssen:

وَقُلْ إِنِّي أَنَا النَّذِيرُ الْمُبِينُ ۝ كَمَا أَنزَلْنَا عَلَى الْمُقْتَسِمِينَ ۝ الَّذِينَ جَعَلُوا الْقُرْآنَ عِضِينَ ۝ فَوَرَبِّكَ لَنَسْأَلَنَّهُمْ أَجْمَعِينَ ۝ عَمَّا كَانُوا يَعْمَلُونَ

(Kor'an, el-Hijr, 15:89-93)

O Muhammed, sag ihnen: Ich bin ein Warner, der euch warnt und das tue ich auf eine Weise die klar und nicht mehrdeutig ist – ich warne euch vor der göttlichen Wut, die auf die Muqtasimin herabkommt, die den Kor'an willkürlich in Stücke unterteilen. Allah der allerhöchste hat dann einen Eid geleistet: Bei dem Rab, O Muhammed, ich ziehe sie gewiss zur Rechenschaft,

34

*für das was sie getan haben (folglich werden sie mir alle
eines Tages, dafür dass sie den Kor'an in Stücke
unterteilt haben, antworten müssen).*

Dies ist dann die erste Erklärung dafür, dass die längste
Sure des *Kor'an,* an den Anfang des *Kor'an* gesetzt wurde.
Es wurde an diese Position gesetzt, um zu testen, wer
unter uns Allahs Teilung des *Kor'an* in Suren
respektieren wird und infolgedessen die gesamte *Sure el-
Baqarah* am ersten Tag des Monats rezitieren wird und
wer von uns *Suren* sündhaft zur täglichen Rezitation in
Teile brechen wird.

Es gibt noch eine Folgerung wieso die längste *Sure* des
Kor'an an den Anfang des *Kor'an* gesetzt wurde und auch
alle anderen langen *Suren* an den Anfang des *Kor'an*
gesetzt wurden, während sich alle kurzen *Suren* am
Ende des *Kor'an* befinden und das wird hier
anschließend in diesem Buch erklärt.

Eines der wichtigsten Dinge, die wir in diesem Buch
gemacht haben, ist es davor zu warnen, dass der *Kor'an*
nicht willkürlich zum täglichen Rezitieren in Ajsa
unterteilt werden kann. Folglich gilt, ob wir nun den
Kor'an rezitieren um ihn in einem Mondmonat zu *Chatm*
oder sogar in noch kürzerer Zeit, die gesamte *Sure el-*

Baqarah muss am ersten Tag des Mondmonats rezitiert werden. Allah der allerhöchste, hat die längste *Sure des Kor'an* an den Anfang des *Kor'an* gesetzt, um zu testen ob wir die Grenzen, die er im *Kor'an* gesetzt hat respektieren und infolgedessen erkennen, dass die gesamte *Sure el-Baqarah,* die erste *Dschus* ist die durch jene rezitiert wird, die den *Kor'an* in einem Mondmonat *Chatm* wollen.

Wir widmen das nächste Kapitel, der Aufdeckung eines kolossalen Fehlers, den die meisten Muslime in Ihrer Antwort auf diesen göttlichen Test machen.

KAPITEL DREI

DEN KOR'AN ZERHACKEN

فَوَرَبِّكَ لَنَسْأَلَنَّهُمْ أَجْمَعِينَ O عَمَّا كَانُوا يَعْمَلُونَ

(Kor'an, el-Hijr, 15:89-93)

Und bei Gott deinem Herrn O Muhammed wir werden sie alle befragen für das, was sie mit dem Kor'an gemacht haben!

Auf der ganzen Welt gibt es ein allgemein akzeptiertes Einteilungssystem des *Kor'an* in 30 Ajsa oder 30 verschiedene Teile, welche die *Suren* des *Kor'an,* erfolgreich in kleinteile aufbrechen. Es ist sogar noch alarmierender, dass keiner dieses sündhafte Aufbrechen in mehrere *Suren* für die tägliche Rezitation des *Kor'an,* hinterfragt. Diesem Schriftsteller ist nicht einmal bekannt, wer für diese willkürliche Aufteilung des

Kor'an, auf eine andere Weise als durch Allah den allerhöchsten befohlen wurde, verantwortlich ist.

Es wird nun generell akzeptiert, dass die erste *Dschus* des *Kor'an* bei Vers 141 oder 142 von *Sure el-Baqarah* und die zweite *Dschus* bei Verse 253 von *Sure el-Baqarah,* usw. endet. Es kann bei diesen Nummern sehr leichte Unterschiede geben, denn die Anzahl der Verse wurde nicht mit dem Engel überliefert. Vielmehr haben Menschen die Nummerierung gemacht.

Unten zeigen wir eine Liste mit den 30 *Ajsa* des *Kor'an* die jetzt allgemein akzeptiert werden, obwohl diese gegen die ordinierte Einteilung des *Kor'an* durch Allah den allerhöchsten verstoßen.

Wer auch immer die vorliegende Einteilung des *Kor'an* zur täglichen Rezitation in Ajsa (Teile) gemacht hat, hat folgendes entschieden:

1. *Dschus* (Teil) endete bei Vers 141 von *Sure el-Baqarah.* [1. Abhacken].

2. *Dschus* endete bei Vers 252 von *Sure el-Baqarah.* [2. Abhacken in derselben *Sure*].

3. *Dschus* endete bei Vers 92 von *Sure Al-i Imrān*. [3. Abhacken].

4. *Dschus* endete bei Vers 23 von *Sure el-Nisā'*. [4.Abhacken].

5. *Dschus* endete bei Vers 147 von *Sure el-Nisā'*. [2. Abhacken von *Sure el-Nisā'* und 5. Abhacken insgesamt].

6. *Dschus* endete bei Vers 81 von *Sure el-Māideh*. [6.Abhacken].

7. *Dschus* endete bei Vers 110 von *Sure el-En'ām*. [7.Abhacken].

8. *Dschus* endete bei Vers 87 von *Sure el-Arāf*. [8.Abhacken].

9. *Dschus* endete bei Vers 40 von *Sure el-Enfāl*. [9.Abhacken].

10. *Dschus* endete bei Vers 92 von *Sure el-Taubah*. [10.Abhacken].

11. *Dschus* endete bei Vers 5 von *Sure Hūd*. [11.Abhacken].

12. *Dschus* endete bei Vers 52 von *Sure Yūsuf.* [12.Abhacken].

13. *Dschus* hat barmherzig am Ende von *Sure Ibrāhīm* geendet. [Kein Abhacken]

14. *Dschus* hat ebenfalls barmherzig am Ende von *Sure el-Nahl* geendet. [Kein Abhacken].

15. *Dschus* endete bei Vers 74 von *Sure el-Kahf.* [13. Abhacken].

16. *Dschus* hat barmherzig am Ende von *Sure Tā Hā* geendet. [KeinAbhacken].

17. *Dschus* hat barmherzig am Ende von *Sure el-Hajj* geendet. [KeinAbhacken].

18. *Dschus* endete bei Vers 20 von *Sure el-Furqān.* [14.Abhacken].

19. *Dschus* endete bei Vers 55 von *Sure el-Neml.* [15.Abhacken].

20. *Dschus* endete bei Vers 45 von *Sure el-Ankebūt.* [16. Abhacken].

21. *Dschus* endete bei Vers 30 von *Sure el-Ahzāb*. [17.Abhacken].

22. *Dschus* endete bei Vers 27 von *Sure Yasīn*. [18.Abhacken].

23. *Dschus* endete bei Vers 31 von *Sure el-Sumer*. [19. Abhacken].

24. *Dschus* endete bei Vers 46 von *Sure el-Fussilet* [20. Abhacken].

25. *Dschus* hat barmherzig am Ende von *Sure el-Achqāf* geendet. [Kein Abhacken].

26. *Dschus* endete bei Vers 30 von *Sure el-Zariyāt*. [21. Abhacken].

27. *Dschus* hat barmherzig am Ende von *Sure el-Hadīd* geendet. [Kein Abhacken].

28. *Dschus* hat barmherzig am Ende von *Sure el-Tahrīm* geendet. [Kein Abhacken].

29. *Dschus* hat barmherzig am Ende von *Sure el-Murselāt* geendet. [Kein Abhacken].

Es gibt kein weiteres Abhacken in dieser sündhaften Teilung des gesegneten *Kor'an*. Unsere Leser wären entsetzt zu erfahren, dass der *Kor'an* 21mal in dieser willkürlichen Teilung in Ajsa, abgehackt wurde.

Es scheint als habe derjenige, der den *Kor'an* auf diese Weise geteilt hat, den *Kor'an* mit einem Stück Stoff verglichen. Er wollte den *Kor'an* in 30 gleichlange Teile teilen und so hat er auch einfach den Stoff in 30 gleich lange Teile geteilt.

Der oben dargestellte Beweis enthüllt ein universelles und kolossales Versagen seitens der Muslime, die durch Allah den allerhöchsten mit der längsten *Sure* am Anfang des *Kor'an* getestet wurden. Sobald sie den Test von *Sure el-Baqarah* versagt haben, haben sie die restliche Ajsa zur Rezitierung des *Kor'an* versagt.

Unserer Ansicht nach hat Allah der allerhöchste mit diesen Versen im *Kor'an,* auf das sündhafte Zerteilen des *Kor'an* geantwortet:

وَقُلْ إِنِّي أَنَا النَّذِيرُ الْمُبِينُ O كَمَا أَنزَلْنَا عَلَى الْمُقْتَسِمِينَ O الَّذِينَ جَعَلُوا الْقُرْآنَ عِضِينَ O فَوَرَبِّكَ لَنَسْأَلَنَّهُمْ أَجْمَعِينَ O عَمَّا كَانُوا يَعْمَلُونَ

(Kor'an, el-Hijr, 15:89-93)

O Muhammed, sag ihnen: Ich bin ein Warner, der euch warnt und das tue ich auf eine Weise die klar und nicht mehrdeutig ist – ich warne euch vor der göttlichen Wut, die auf die Muqtasimin herabkommt, die den Kor'an willkürlich in Stücke unterteilen. Allah der allerhöchste hat dann einen Eid geleistet: Bei dem Rab, O Muhammed, ich ziehe sie gewiss zur Rechenschaft, für das was sie getan haben (folglich werden sie mir alle eines Tages, dafür dass sie den Kor'an in Stücke unterteilt haben, antworten müssen).

Möge Allah allen vergeben die *Taubah* machen und die es vermeiden den *Kor'an* zu zerstückeln; vielmehr respektieren sie die Teilung des *Kor'an* in *Suren*, bestimmt durch Allah den allerhöchsten und sie brechen niemals *Suren* in mehrere Teile auf! *Amin!*

KAPITEL VIER

GOTTGEGEBENE METHODE ZUM REZITIEREN DES KOR'AN WÄHREND DES RAMADAN MONATS

"Rezitiere es über einen Zeitraum von einem Monat ".

(Sunan Ibn Majah)

Allah der allerhöchste hat den *Kor'an* bereits in *Suren* geteilt, folglich können wir eine *Sure* während der täglichen Rezitation nicht in zusätzliche Teile unterteilen. Eine solche Unterteilung würde dem Zerhacken des *Kor'ans* gleichstehen und genau das wurde durch den *Kor'an* selbst denunziert.

Hier ist ein Aufteilungsvorschlag des *Kor'an* in 30 Teile, zur täglichen Rezitation, um die Rezitation des gesamten *Kor'an* von vorne bis hinten in einem Mondmonat abzuschließen. Unsere vornehmen Leser sollten beachten, dass wir der Teilung des *Kor'an* durch Allah in Form von *Suren* respektiert haben und keine *Sure* durch uns zur täglichen Rezitation je geteilt wurde. Wir sind der Ansicht, dass die ersten fünfzehn *Ajsa* des *Kor'an,* auf keine andere Weise rezitiert werden können, als wir es erklärt haben. Wir laden die, die anderer Meinung sind dazu ein, uns ihre Liste mit den ersten fünfzehn *Ajsa* des *Kor'an* zu zeigen:

Die Ajsa für die ersten sechs Tage des Monats:

1. *Dschus, bzw. Dschus* der am ersten Tag des Monats rezitiert werden muss: el-Baqarah - 286 Verse;

2. *Dschus*; Ali Imrān – 200 Verse; (2. Tag des Monats)

3. *Dschus*: el-Nisā' – 177 Verse; (3. Tag)

4. *Dschus*: el-Māideh – 120 Verse; (4. Tag)

5. *Dschus*: el-En'ām – 166 Verse; (5. Tag)

6. *Dschus*: el-A'rāf – 206 Verse; (6. Tag)

Diese obigen sind alle lange *Suren* und daher haben wir zum Rezitieren in den ersten sechs Tagen des Monats, nur eine *Sure* pro Tag gewählt. Aber am 7. Tag werden wir mit zwei Dingen konfrontiert, die uns zum Nachdenken einladen.

Das erste ist, das *Sure el-Enfal* ungewöhnlich kurz ist – mit nur 75 Versen – während alle vorherigen, lange *Suren* waren; und das zweite ist, dass die *Sure* die danach folgt eine lange *Sure* ist – so lang wie die *Suren* der ersten 7 Tage.

Wieso ist e*l-Enfal* dann so kurz?

Drittens und am überzeugendsten von allen ist, das *Süre el-Taubah*, welches durch göttliche Bestimmung direkt nach e*l-Enfal* kommt, die einzige *Sure* im *Kor'an* ist, die nicht mit *Bismillah el-Rahman el-Rahiim* beginnt

Was können diese drei wichtigen Zeichen im *Kor'an* signalisieren?

Unserer Ansicht nach hat Allah der allerhöchste bestimmt, das *el-Enfal* eine kurze *Sure* sein soll und das *Sure el-Taubah* nicht mit *Bismillah el-Rahman el-Rahiim* beginnen soll weil er wollte, dass beide *Suren* zu einer *Dschus*, zum Rezitieren am 7. Tag des Mondmonats, kombiniert werden; und Allah weiß es am besten!

Dieses Abweichen am 7. Tag aus dem System des rezitierens einzelner *Suren* für die ersten 6 Tage des Monats, deutet nicht nur auf den göttlichen Plan mehrere *Suren* zur täglichen Rezitation zu kombinieren, sondern macht den Gläubigen auch noch auf eine sehr wichtige Phase im Laufe der Zeit während eines Mondmonats aufmerksam, genauer gesagt, dass die erste Woche des Mondmonats jetzt abgeschlossen ist.

Wenn wir die ersten 6 Tage der Woche durchquert haben und am 7. Tag angekommen sind, müssen wir uns jetzt daran erinnern, dass die ersten sechs Tage wirklich bedeutsame Tage in der Geschichte der Zeit waren und dass Allah der allerhöchste will das wir am 7. Tag eine Pause machen, damit dieses Ereignis wieder in unserem Bewusstsein registriert wird.

Es war aus diesem Grund, dass er den Gläubigen den Sabbat Tag oder den 7. Tag als einen Tag der Ruhe und des Gebets beschränkt hat, so dass das Herz und der Verstand über die Geschichte der Zeit reflektieren können. Die Rezitierung des *Kor'an* zum monatlichen *Chatm* in einem Mondmonat, ist sogar der gottgegebene Weg, mit dem wir durch die Seiten der Geschichte der Zeit Reisen können und eventuell durch das System der

Zeit umarmt werden können, mit dem auch der Mond verbunden ist. Allah der allerhöchste hat uns nicht weniger als 6mal im *Kor'an* daran erinnert:

إِنَّ رَبَّكُمُ اللهُ الَّذِي خَلَقَ السَّمَاوَاتِ وَالأَرْضَ فِي سِتَّةِ أَيَّامٍ ثُمَّ اسْتَوَى عَلَى الْعَرْشِ يُغْشِي اللَّيْلَ النَّهَارَ يَطْلُبُهُ حَثِيثًا وَالشَّمْسَ وَالْقَمَرَ وَالنُّجُومَ مُسَخَّرَاتٍ بِأَمْرِهِ أَلاَ لَهُ الْخَلْقُ وَالأَمْرُ تَبَارَكَ اللهُ رَبُّ الْعَالَمِينَ

(Kor'an, el-Arāf, 7:54)

Euer Erhalter ist wahrlich Allah, welcher die Himmel in sechs Tagen erschaffen hat und (am 7. Tag) auf dem Thron seiner Allmächtigkeit seinen Platz genommen hat. Er bedeckt den Tag mit der Nacht, in schneller folge mit der Sonne und dem Mond und den Sternen die seinen Befehlen unterworfen sind: o wahrlich, die gesamte Schöpfung und alle Befehle sind sein. Heilig ist Allah, der Erhalter aller Welten!

إِنَّ رَبَّكُمُ اللهُ الَّذِي خَلَقَ السَّمَاوَاتِ وَالأَرْضَ فِي سِتَّةِ أَيَّامٍ ثُمَّ اسْتَوَى عَلَى

الْعَرْشِ يُدَبِّرُ الْأَمْرَ مَا مِن شَفِيعٍ إِلاَّ مِن
بَعْدِ إِذْنِهِ ذَلِكُمُ اللهُ رَبُّكُمْ فَاعْبُدُوهُ أَفَلاَ
تَذَكَّرُونَ

(Kor'an, Yūnus, 10:3)

Wahrlich, dein Erhalter ist Allah, welcher die Himmel und die Erde in sechs Tagen erschaffen hat und auf dem Thron seiner Allmächtigkeit seinen Platz genommen hat, wo er über alles regiert was existiert. Es gibt keinen Fürbitter ohne seine Erlaubnis. Folglich ist Allah, dein Erhalter: infolgedessen, bete ihn [nur ihn] an: willst du dir darüber nicht im Klaren sein?

الَّذِي خَلَقَ السَّمَاوَاتِ وَالْأَرْضَ وَمَا بَيْنَهُمَا
فِي سِتَّةِ أَيَّامٍ ثُمَّ اسْتَوَى عَلَى الْعَرْشِ
الرَّحْمَنُ فَاسْأَلْ بِهِ خَبِيرًا

(Kor'an, el-Furqān, 25:59)

Er, der die Himmel und die Erde und alles was dazwischen ist, in sechs Tagen erschaffen hat und seinen Platz auf dem Thron seiner Allmächtigkeit einnimmt: der allbarmherzigste! Dann frage über ihn, [den] einen der [wahrhaftig] wissend ist.

اللَّهُ الَّذِي خَلَقَ السَّمَاوَاتِ وَالْأَرْضَ وَمَا بَيْنَهُمَا فِي سِتَّةِ أَيَّامٍ ثُمَّ اسْتَوَى عَلَى الْعَرْشِ مَا لَكُم مِّن دُونِهِ مِن وَلِيٍّ وَلَا شَفِيعٍ أَفَلَا تَتَذَكَّرُونَ

(Kor'an, el-Sejdeh, 32:4)

ES IST Allah der die Himmel und die Erde und alles was dazwischen liegt in sechs Tagen erschaffen hat und seinen Platz auf dem Thron seiner Allmächtigkeit einnimmt. Du hast keinen der dich vor Allah schützen kann und niemanden der [am Tag des Jüngsten Gerichts] für dich geradestehen kann: willst du denn, dann, keine Gedanken machen?

وَلَقَدْ خَلَقْنَا السَّمَاوَاتِ وَالْأَرْضَ وَمَا بَيْنَهُمَا فِي سِتَّةِ أَيَّامٍ وَمَا مَسَّنَا مِن لُّغُوبٍ

(Kor'an, Qāf, 50:38)

Wir haben die Himmel und die Erde und alles was dazwischen ist, tatsächlich in sechs Tagen erschaffen und [die] Müdigkeit könnte uns nie erfassen.

هُوَ الَّذِي خَلَقَ السَّمَاوَاتِ وَالْأَرْضَ فِي سِتَّةِ أَيَّامٍ ثُمَّ اسْتَوَى عَلَى الْعَرْشِ يَعْلَمُ مَا يَلِجُ فِي

$$\text{الْأَرْضِ وَمَا يَخْرُجُ مِنْهَا وَمَا يَنزِلُ مِنَ}$$

$$\text{السَّمَاء وَمَا يَعْرُجُ فِيهَا وَهُوَ مَعكُمْ أَيْنَ مَا}$$

$$\text{كُنتُمْ وَاللَّهُ بِمَا تَعْمَلُونَ بَصِيرٌ}$$

(Kor'an, el-Hadīd, 57:4)

Er ist es, der die Himmel und die Erde in sechs Tagen erschaffen hat und seinen Platz auf dem Thron seiner Allmächtigkeit einnimmt. Er weiß was die Erde betritt und sie wieder verlässt, sowie alles was aus dem Himmeln herabkommt und sie betritt. Und er ist mit dir wo immer du bist; und Allah sieht alles was du tust.

Wenn sich der 6. Tag dem Ende nähert, erinnern wir uns auch daran, dass die ersten 6 Tage in der Schöpfung, die auch das erste Kapitel in der Geschichte der Zeit darstellen, in zwei Perioden unterteilt sind – die erste dauerte 4 Tage und dann gab es eine zweite Periode, die dauerte weitere 2 Tage aus denen sich dann zusammen 6 ergaben:

$$\text{وَجَعَلَ فِيهَا رَوَاسِيَ مِن فَوْقِهَا وَبَارَكَ فِيهَا}$$

$$\text{وَقَدَّرَ فِيهَا أَقْوَاتَهَا فِي أَرْبَعَةِ أَيَّامٍ سَوَاء}$$

$$\text{لِّلسَّائِلِينَ}$$

(Kor'an, Fussilet, 41:10)

Er hat [nachdem er die Welt erschuf,] darauf stabile Gebirge platziert, [die sich] über ihrer Oberfläche [hochragten] und hat es [so viel] Segen verliehen und hat dessen mittel des Lebensunterhalts, in vier (kosmischen) tagen, gerecht an alle verteilt die danach suchen würden.

$$ ثُمَّ اسْتَوَى إِلَى السَّمَاء وَهِيَ دُخَانٌ فَقَالَ لَهَا وَلِلْأَرْضِ اِئْتِيَا طَوْعًا أَوْ كَرْهًا قَالَتَا أَتَيْنَا طَائِعِينَ $$

(Kor'an, Fussilet, 41:11)

Und er [ist es], der sein Design auf die Himmel angewendet hat als diese noch [nichts als] Rauch waren und er [ist es] der ihnen und der Erde gesagt hat, "Kommt [ins sein], beide, willig oder unwillig!" – auf das beide antworteten, "Wir kommen in Gehorsam."

$$ فَقَضَاهُنَّ سَبْعَ سَمَاوَاتٍ فِي يَوْمَيْنِ وَأَوْحَى فِي كُلِّ سَمَاء أَمْرَهَا وَزَيَّنَّا السَّمَاء الدُّنْيَا بِمَصَابِيحَ وَحِفْظًا ذَلِكَ تَقْدِيرُ الْعَزِيزِ الْعَلِيمِ $$

(Kor'an, Fussilet, 41:12)

Und er [ist es der] befahl, dass sie zwei (kosmische) Tage werden sollen und jedem Himmel hat er seine Funktion gegeben. Und Wir haben die Erdnahen Himmel mit lichtern geziert und haben sie sicher gemacht: so ist es bestimmt durch den allmächtigen, den allwissenden.

Natürlich würde unser 7. Tag der Rezitation des *Kor'an* kaum je auf *Youm el-Sabt* oder dem Sabbat Tag fallen, aber wir werden trotzdem an die Wichtigkeit des 7. Tages der Woche erinnert.

7. Dschus: el-Enfāl, 75 & el-Taubah, 129 – bzw. insgesamt 204 Verse;

8. Dschus: Yūnus, 109; & Hūd, 123 – bzw. insgesamt 238 Verse;

9. Dschus: Yūsuf, 111; & el-Rad, 43 – bzw. insgesamt 154 Verse;

10. Dschus: Ibrahīm, 52; & el-Ḥijr, 99 – bzw. insgesamt 151 Verse;

11. Dschus: el-Naḥl – 128 Verse.

Dieser Autor bevorzugt es die Rezitierung der Dschus für den 11. Tag, auf *Sure el-Naḥl* zu beschränken. Nicht nur weil es eine lange Sure ist, sondern weil es uns die Möglichkeit gibt *Sure el-Isra* mit *Sure el-Kahf* am 12. Tag des Monats zu kombinieren. Wir haben an anderer

Stelle adäquate Beweise, dass diese beiden *Suren* des *Kor'an* untereinander verbunden sind.

Des Weiteren markiert der 11. Tag den Abschluss der ersten 1/3 des *Kor'an* und das ist überaus wichtig, gerade im *Ramadān*, wenn der Monat in 3 Teile geteilt wird hat das eine Bedeutung für jeden Teil.

12. Dschus: el-Isrā, 111; & el-Kahf, 110 – bzw. insgesamt 221 Verse;

13. Dschus: Meryem, 98; & Tā Ḥā, 135 – bzw. insgesamt 233 Verse;

14. Dschus: el-Enbiyā', 112; & el-Ḥajj, 78 – bzw. insgesamt 190 Verse;

15. Dschus: el-Mu'minūn, 118; & el-Nūr, 64 – bzw. insgesamt 182 Verse.

Wenn der 14. Tag des Monats endet und die 15. Nacht beginnt, beginnt die Zeit des Vollmondes. Da das die Zeit des meisten *Nūr* oder lichtes ist, gibt uns Allah der allerhöchste *Sure el-Nūr*, die am 15. Tag rezitiert werden soll. Wann immer der Gläubige diese *Sure* rezitiert während er den gesamten *Kor'an* einmal in Monat rezitiert, wird er auf die Ankunft der Phase in der Passage der Zeit aufmerksam gemacht, in der die erste

Hälfte des Monats geendet hat und die Hälfte noch übrig ist.

16. Dschus: el-Furqān, 77; & el-Schuara, 227 – bzw. insgesamt 304 Verse;

17. Dschus: el-Neml, 93; el-Qasas, 88; & el-Ankebut, 69 – bzw. insgesamt 250 Verse;

18. Dschus: el-Rūm, 60; Luqmān, 34; el-Sejdeh, 30; & el-Ahzāb, 73 – bzw. insgesamt 197 Verse;

19. Dschus: Saba', 54; el-Fātir, 45; Yā Sīn, 83; & el-Sāfāt, 182 – bzw. insgesamt 365 Verse;

20. Dschus: Sād, 88; el-Sumer, 75; & Ghāfir, 85 – bzw. insgesamt 248 Verse;

21. Dschus: Fussilet, 54; el-Schurā, 53; & el-Suchruf, 89; el-Duchān, 59 – bzw. insgesamt 255 Verse.

Wenn der 21. Tag des Monats anfängt ist das im *Ramadān* in der Tat überaus wichtig da es den Beginn des letzten 1/3 des *Kor'an* markiert und in den seltsamen Nächten dieses letzten Teils des Monats ereignet sich *Leyletul Qadr*. An dieser gesegneten Nacht kommen die Engel herab, um jeden Auftrag zu erfüllen, den Allah der allerhöchste zuweist. Wenn wir *Sure Fussilet* am 21. Tag im *Ramadān* rezitieren, erhalten wir mehr Informationen darüber, was die Engel für uns in der speziellen Nacht tun können:

إِنَّ الَّذِينَ قَالُوا رَبُّنَا اللَّهُ ثُمَّ اسْتَقَامُوا تَتَنَزَّلُ عَلَيْهِمُ الْمَلَائِكَةُ أَلَّا تَخَافُوا وَلَا تَحْزَنُوا وَأَبْشِرُوا بِالْجَنَّةِ الَّتِي كُنتُمْ تُوعَدُونَ

نَحْنُ أَوْلِيَاؤُكُمْ فِي الْحَيَاةِ الدُّنْيَا وَفِي الْآخِرَةِ وَلَكُمْ فِيهَا مَا تَشْتَهِي أَنفُسُكُمْ وَلَكُمْ فِيهَا مَا تَدَّعُونَ

نُزُلًا مِّنْ غَفُورٍ رَّحِيمٍ

(Kor'an, Fussilet, 41:30-32)

Aber seht her, diejenigen die erklären "Unser Erhalter ist Allah," und dann standhaft den richtigen Weg verfolgen – zu ihnen kommen die Engel herab, (und das geschieht an Leyletul Qadr) [und sagen:] "Fürchtet euch nicht und trauert nicht, sondern vernehmt die Freudenbotschaft vom Paradies, das euch versprochen wurde! Wir sind euch in diesem Leben nahe und [werden es] in dem Leben das danach kommt [sein]; und in dem [leben welches folgt] sollt ihr alles haben was eure Seelen wünscht und darin sollt Ihr alles haben wofür Ihr immer gebetet habt, als eine

56

bereitwillige Begrüßung von Ihm der sehr vergebend ist, ein
Spender der Gnade!"

Wenn wir darüber hinaus *Sure el-Duchān* am 21. Tag des
Ramadān Monats rezitieren, werden wir daran erinnert,
dass Allah der allerhöchste den *Kor'an,* in der heiligen
Nacht des *Qadr* an *Ramadān* herabgesandt hat und der
gesegnete Prophet hat darauf hingewiesen, das wir nach
dieser seltsamen Nacht im letzten 1/3 des *Ramadān*
Monats suchen sollen:

إِنَّا أَنزَلْنَاهُ فِي لَيْلَةٍ مُّبَارَكَةٍ إِنَّا كُنَّا مُنذِرِينَ

فِيهَا يُفْرَقُ كُلُّ أَمْرٍ حَكِيمٍ أَمْرًا مِّنْ عِندِنَا
إِنَّا كُنَّا مُرْسِلِينَ

(Kor'an, el-Duchān, 44:3-5)

Seht, wir haben es in einer gesegneten Nacht
herabgesandt: denn wir haben [den Menschen], wahrlich,
immer gewarnt. [An der Nacht] wurde, in Weisheit, der
Unterschied zwischen allem [gut und bös] auf Geheiß von
uns selbst, klargemacht: denn wir haben wahrlich immer
[unsere Nachrichten als Leitfaden] gesendet.

22. Dschus: el-Jāsiyeh, 37; el-Ahqāf, 35; Muhammad, 38; & el-Fattah, 29; el-Hujurāt, 18 – bzw. insgesamt 157 Verse;

23. Dschus: Qāf, 45; el-Dhāriyāt 60; el-Tūr, 49; el-Najm, 62; & el-Qamar, 55.

Wenn der 22. Tag des Monats endet und der 23. Tag beginnt kann das nur heißen, dass nur noch eine Woche bleibt, bis der Monat abgeschlossen ist. Während sich der Monat dem Ende nähert *bzw.* der Mond letztendlich während der letzten Tag der Woche, vom Himmel verschwindet und die Sterne dann den Nachthimmel einnehmen, muss der Gläubige nach der bedeutsamen Änderung des Himmels, in der letzten Woche des Mondmonats Ausschau halten. Sternenlicht ersetzt dann das Mondlicht im Nachthimmel.

Allah der allerhöchste, gibt uns am 23. Tag des Monats *Sure el-Nejm* bzw. die *Sure* der Sterne, gefolgt von *Sure el-Qamer* bzw. die *Sure* des Mondes, so dass wenn wir diese beiden *Suren* am selben Tag des Monats rezitieren, diese uns nicht nur darauf aufmerksam machen, dass das Sternenlicht das Mondlicht am Himmel ersetzt sondern auch die Letzte Woche des Monats begonnen hat.

Wir sollten uns auch über die göttliche Weisheit des Eintritts der Dunkelheit, des Himmels in Vorbereitung auf das schmale Licht des Neumonds, im Klaren sein.

24. Dschus: el-Raḥmān - 78; el-Wāqiʿah - 96; el-Hadīd - 29; & el-Mujādileh - 22;

25. Dschus: el-Ḥaschr - 24; Mumtaḥineh- 13; el-Ṣaff - 14; el-Dschumu'ah - 11; el-Munāfiqūn - 11; el-Teghābun - 18; el-Talāq 12; & el-Taḥrīm - 12; el-Mulk - 30; el-Qalem - 52

26. Dschus: el-Ḥāqqah - 52; & el-Mʿārij - 44; Nūh - 28; el-Dschinn - 28; el-Mussemmil - 20; el-Muddathsir - 56;

27. Dschus: el-Qiyāmah - 40; el-Insān - 31; & el-Murselāt - 50; el-Nebe - 40; el-Nāziʿāt - 46;

28. Dschus: Abasa- 42; el-Takwīr - 29; el-Infitār - 19; el-Mutaffifīn - 36; el-Inschiqāq - 25; el-Burūj - 22; el-Tāriq - 17; el-Aʿlā - 19; & el-Ghāshiyeh - 26;

29. Dschus: el-Fajr - 30; el-Beled - 20; el-Schems - 15; el-Leyl - 21; el-Duḥā - 11; ElemNeschreḥ - 8; el-Tīn - 8; el-Alaq - 19; el-Qadr - 5.

Angesichts der Tatsache, das *Sure el-Qadr* die *Sure* ist die uns darüber informiert, das *Leyletul Qadr* mit Abstand die bedeutendste Nacht aller Nächte im Jahr ist (denn es war in dieser Nacht, dass der *Kor'an* enthüllt wurde) und die *Sure* ist welche sowohl *el-Fajr* als auch *el-Leyl* erwähnt, haben wir unsere *Dschus* zur Rezitation so zusammengestellt das am 29. Tag die Rezitation von *Sure el-Qadr* mit der Rezitation von *Sure el-Fajr* und *Sure el-Leyl* gemacht werden kann. Als eine Folge des zusammen Kommens dieser drei *Suren* in der *Dschus* die am 29. Tag des Monats rezitiert wird, haben wir Grund zu glauben, das *Leyletul Qadr* in der 29. Nacht des gesegneten *Ramadān* stattfindet. Unser Rat ist es daher, dass man stark darauf achten sollte in der 29. Nacht des gesegneten *Ramadān* Monats, die ganze Nacht wach zu bleiben und zu beten. Wir sollten in dieser speziellen Nacht beten *(Duah),* für das alles, für das wir das ganze Jahr über gebetet haben.

Unser Islam eschatologisches Verständnis über dieses Thema ist, das *Dajjāl* für das universelle Verwahrlosen der 29. Nacht des *Ramadān* verantwortlich ist — obwohl es eines der seltsamen Nächte im letzten Drittel des gesegneten Monats ist.

Wenn der 29. Tag des Monats endet, haben wir auch die Pflicht am Mittag in den Himmel zu blicken, (heißt, der Himmel über uns auf der Erde an dem Standort, an dem wir sind) um zu sehen, ob der Neumond sichtbar ist. Wenn wir den Neumond sehen, müssen wir die restlichen *Suren* des *Kor'an* rezitieren um die Rezitation des gesamten *Kor'an,* vom Anfang bis zum Ende, abzuschließen. Das würde nur sehr kurze Zeit in Anspruch nehmen. Wenn andererseits, der Neumond nicht gesehen wird, würden wir am 30. Tag des Monats nur noch ein paar kurze *Suren* zum Rezitieren übrighaben, um die Rezitation des gesamten *Kor'an* abzuschließen.

30. Dschus: el-Beyyineh - 8; el-Selseleh - 8; el-Ādiyāt - 11; el-Qāriah - 11; el-Tekāsur - 8; el-Asr - 3; el-Hamasah - 9; el-Fīl - 5; Qureisch - 4; el-Māʻūn - 7; el-Kauser - 3; el-Kāfirūn - 6; el-Nasr - 3; el-Mesed - 5; el-Ichlās - 4; el-Felaq - 5; & el-Nās - 6.

Wir raten, dass die, die den *Kor'an* in einem Mondmonat zum *Chatm* rezitieren, sich davor zurückhalten sollten die *Kor'an* Rezitierung vor Ende des Monats abzuschließen (wie zum Beispiel am 25. Tag oder 26. Tag usw.). Sie müssen sicher gehen, dass sie am 29. Tag eine Dschus zum Rezitieren haben, als auch eine 30.

Dschus zum möglichen rezitieren, wenn der Monat einen 30. Tag hat.

Wie sollte eine Frau den Kor'an rezitieren?

Unserer Ansicht nach muss der Mann den *Kor'an* mindestens einmal im Mondmonat *Chatm* (vom Anfang bis zum Ende Rezitieren) jedoch sollten Frauen nur rezitieren was für sie möglich ist.

Wenn eine Frau den *Kor'an* nicht in einem Mondmonat *Chatm* kann, weil ihre Rezitierung durch ihre monatliche Menstruation unterbrochen ist, sollte sie den *Kor'an Chatm,* wann immer sie wieder zum Rezitieren bereit ist. Sie sollte mit Beginn des nächsten Mondes, mit der Rezitierung des *Kor'an* von vorne beginnen. Während des Intervalls zwischen dem *Chatm* des *Kor'an* und der Geburt des Neumondes, kann sie aus dem *Kor'an* rezitieren was sie will.

Der *Kor'an* hindert eine Frau nicht an der Rezitierung während sie ihr Periode hat; aber dieser Autor hat nicht die Kompetenz zu bestimmen, ob ein Verbot existiert.

KAPITEL FÜNF

DEN KOR`AN REZITIEREN UND MIT DEM MOND LEBEN

Wir haben im letzten Kapitel belegt, dass uns die tägliche Rezitation des *Kor'an,* gemäß der göttlichen Methodik zur vollständigen Rezitation des gesamten *Kor'an* in einem Monat, bzw. einem Mond, erlaubt in konstantem Kontakt mit der Mondzeit zu bleiben.

Wir verstehen jetzt, weshalb sich alle langen *Suren* am Anfang des *Kor'an* befinden und alle kurzen am Ende des *Kor'an.*

Wenn der Mond jung ist *bzw.* wenn der *Hilāl* oder die Mondsichel sichtbar wird und der Monat noch jung ist, bestimmt göttliche Weisheit das man auch dementsprechend jung leben muss, sich jung fühlen muss und stark agieren soll. Wir müssen uns am Anfang des Mondmonats, in jeder Arbeit, die wir tun, immer die größte Mühe machen. Aus diesem Grund hat Allah der allerhöchste alle langen Suren an den Anfang des *Kor'an* gesetzt. Dann, so wie der Monat seinen Lauf nimmt, werden auch die *Suren* kürzer und kürzer, bis der Monat ein Ende nimmt, der Mond alt geworden ist und wir erschöpft sind, der allwissende Allah gibt uns sehr kurze *Suren* die kaum Energie benötigen. Solange wir den *Kor'an* also täglich rezitieren, leben wir in Harmonie mit der Mondzeit.

Die die nicht in Harmonie mit der Mondzeit leben, werden einen schrecklichen Preis für das Verwahrlosen des Lebens mit dem Mond bezahlen. Was ist der Preis?

Was sind die Auswirkungen davon, dass die Zeit immer schneller und schneller läuft?

Ahmad erzählt das Abu Hurairah sagte: Der Bote von Allah sagte: "Die Stunde wird nicht beginnen ehe die Zeit schneller läuft, so dass ein Jahr wie ein Monat, ein Monat wie eine Woche, eine Woche wie ein Tag, ein Tag wie eine Stunde und eine Stunde wie das Brennen eines Geflechts aus Palmblättern läuft."

(Sahīh Buchārī)

Dieses Buch lädt Leser zum „denken" ein, um die unheilvolle Bedeutung der Prophezeiung des Propheten Muhammed (صلي الله عليه و سلم) zu verstehen, der über die Endzeit gesagt hat, dass die *Zeit* immer

„schneller und schneller" vergehen wird. Er sagte ein ganzes Jahr wird vergehen und es wird nur vorkommen wie ein Monat; ein ganzer Monat wird wie eine Woche vergehen, eine Woche wird wie ein Tag vergehen; und ein ganzer Tag wird wie eine Stunde vergehen, und eine ganze Stunde wird so schnell vergehen wie es dauert, ein Feuer an zu zünden. *(Sahīh Buchārī).*

Dieses Buch erklärt diese Prophezeiung als *Dajjāl's* erfolgreichen Angriff auf das *Zeitsystem*, welches der Menschheit durch Allah den allerhöchsten ordiniert wurde. Mein Buch mit dem Titel: *Der Kor'an Dajjāl und der Jasad,* hat erklärt, dass die Passage in *Sure Saba* des *Kor'an,* die über *Nabī* Suleyman*'s* (عليه السلام) tot handelt, dass die *Dschinn, Dajjāl* auf dem Thron sitzen sahen und dass es die *Minsa'ah* von *Salomon's* Stab war, welches *Dajjāl* die Kapazität gab in das System der Zeit einzugreifen um *Salomon* lebendig und am reden, gehen usw. zu zeigen.

Abgesehen von unschuldigen Kindern und all denen die von der modernen Welt getrennt leben, fast alle Menschen gestehen, dass die Zeit jetzt gefühlt immer „schneller und schneller" vergeht; und dazu gehören auch die übelsten Kritiker dieses Schriftstellers. Die

Wahrheit ist allerdings, dass sich die Zeit überhaupt nicht schneller bewegt. Vielmehr ist es das Menschliche Herz, dass es so wahrnimmt.

Dieses Buch wurde geschrieben, um die zu warnen, für die die *Zeit* gefühlt immer „schneller und schneller" vergeht, dass es das tut, weil ihre Herzen von dem System der Zeit für Allahs Schöpfung, getrennt ist; und das ist eben genau durch *Dajjāls* Angriff auf das System der Zeit passiert.

Dieses Buch erinnert den Leser daran, dass sich der Mond im Zentrum des Zeitsystems befindet, das durch Allah den allerhöchsten für die Menschheit geschaffen wurde. Hier ist der Beweis:

$$\text{هُوَ الَّذِي جَعَلَ الشَّمْسَ ضِيَاءً وَالْقَمَرَ نُورًا}$$
$$\text{وَقَدَّرَهُ مَنَازِلَ لِتَعْلَمُواْ عَدَدَ السِّنِينَ وَالْحِسَابَ مَا}$$
$$\text{خَلَقَ اللّهُ ذَلِكَ إِلاَّ بِالْحَقِّ يُفَصِّلُ الآيَاتِ لِقَوْمٍ}$$
$$\text{يَعْلَمُونَ}$$

(Kor'an, Yūnus, 10:5)

Er ist es, der die Sonne zu einer Quelle strahlendes Lichtes
gemacht hat und mit diesem Licht wird der Mond erhellt

und er hat dem Mond Phasen des Wachstums und der Abnahme gegeben damit ihr ein System habt, um die Jahre zu berechnen und mit dem ihr die Zeit messen könnt. Nichts davon hat Allah grundlos erschaffen. Er gibt diese eindeutigen Nachrichten, den Menschen mit Einsicht.

Solange das Menschliche Herz nicht in Allahs Schöpfung mit dem *System der Zeit* im Einklang schlägt, wäre es nicht *Salīm bzw.* es wäre nicht gesund. Eine weitere Auswirkung ist es, dass es schwer sein würde „*Nūr*" oder licht von Allah, so wie *Shifā* zu erhalten, oder Heilung. In der Tat ist das so wichtig, dass der *Kor'an* bekannt gegeben hat, das am Tag des jüngsten Gerichts nichts helfen wird außer einem *Salīm* Herz:

$$يَوْمَ لَا يَنفَعُ مَالٌ وَلَا بَنُونَ ٠ إِلَّا مَنْ أَتَى اللَّه بِقَلْبٍ سَلِيمٍ$$

(Kor'an, el-Schu'arā, 26:88-9)

Am Tag des Jüngsten Gerichts werden uns weder Wohlstand noch Kinder in, irgend einer Weise, helfen können; Stattdessen ist das einzige was uns helfen kann, dass wir mit einem Herz welches Salīm (bzw. gesund) ist vor Allah stehen.

Wenn der Leser, nach dem sich für ihn die *Zeit* scheinbar immer schneller und schneller bewegt, er den

Kor'an nach der Methodik rezitiert, die in diesem Buch beigebracht wird und die *Zeit* für ihn danach nicht mehr immer „schneller und schneller" vergeht, würde das bedeuten, dass sein Herz zu einem Zustand der Harmonie mit dem *Zeitsystem* zurückgekehrt ist, welches Allah für seine Schöpfung erschaffen hat. Des Weiteren würde dies bedeuten, dass das Wissen über dieses Thema welches in diesem Buch vorgestellt wird, bestätigt wäre und die Lawine an Beschuldigungen und Kritik durch unsere Kritiker, welche die Türen der *Moscheen* vor uns schließen, *nichtig* wären.

Das nächste Kapitel versucht, das durch Allah den allerhöchsten für die Menschheit bestimmte *Zeitsystem* zu erklären. Wir sind uns sicher, das Hindus, Buddhisten, Juden, Christen und andere die, wie Muslime, der religiösen Lebensart folgen, von dieser Erklärung profitieren würden.

Dieser Schriftsteller hat vor anderen solch Religionsgemeinschaften Respekt und versucht nicht etwa aktiv zu missionieren um Konvertiten für seine religiöse Gemeinschaft zu gewinnen. Er respektiert die Freiheit, die jeder haben sollte, seinen religiösen Glauben und die Gemeinschaft aus zu suchen. Er ist in keinerlei Religionswettkampf, um die Überlegenheit seiner religiösen Gemeinschaft über anderen zu zeigen. Infolgedessen ist es auch nicht im Sinne des Wettkampfs, wenn er behauptet, dass die Verbundenheit zum Mond und somit dem gottgegebenen System *der Zeit* welches diese *Methodik zur Rezitation des Kor'an* liefert, heute durch keine andere religiöse Gemeinschaft in der Welt überboten werden kann. Er würde sich wahrhaftig darüber freuen, wenn ihm jemand demonstrieren kann das er unrecht hat.

Während dieses Buch weiterhin die richtige Methodik zur Rezitation des *Kor'an* gemäß der gottgegebenen *Sunnah* bzw. einmal im Monat vom Anfang bis zum Ende, erklärt, werden unsere vornehmen Leser an die vorher präsentierten Beweise erinnert, welche zeigen, dass die wohlmöglich vor Jahrhunderten durch mysteriöse unbekannte Menschen gemachte Division des *Kor'an* in 30 teile *(bzw.* Ajsa *oder* Sipara) auf eine willkürliche und falsche Weise gemacht wurde.

Dieses Buch erinnert ihre Leser daran, dass Allah der allerhöchste den *Kor'an* bereits in *Suwar* (plural von *Sure*) eingeteilt hat und das wir nicht weiter teilen können was Allah bereits geteilt hat. Infolgedessen können wir zuversichtlich sagen, dass die universell gängige Teilung des *Kor'an* in *Ajsa*, in der viele *Suwar* in Teile geteilt wurden, falsch ist und korrigiert werden muss. Es ist genau diese inkorrekte Division des *Kor'an* in 30 gleichlange Teile, die Allah der allerhöchste in *Sure el-Hijr* schwer verurteilt hat.

Allah der allerhöchste hat bezüglich der täglichen Rezitation des *Kor'an* eine Führung gegeben, damit wir die Rezitation des *Kor'an* in einem Mondmonat abschließen können bzw. den *Kor'an* zu *Chatm* und dieses Thema wurde in diesem Buch erklärt.

[Wir eilen uns den Schulknaben zu erläutern (da sie die einzigen sind die eine Erklärung benötigen) das jemand der den *Kor'an* auswendig lernt und sich immer kleine Teile merkt, um es besser zu verstehen, nicht für die Teilung des *Kor'an* schuldig ist.]

Die Division des *Kor'an* in *Ajsa* zur täglichen Rezitation in einem Monat, wurde nicht wahllos gemacht. Dieses Buch zeigt eindeutige Beweise, die bestätigen, dass die Rezitation des *Kor'an* gemäß der richtigen *Ajsa*, unsere Herzen wieder in Harmonie mit dem Mond stellen und somit auch mit dem System der Zeit welches durch Allah den allerhöchsten für die Menschheit bestimmt wurde.

Wichtiger Kommentar

Dieser Schriftsteller hat Ansichten in diesem Kapitel seines bescheidenen Buches über die Synchronisation zwischen einerseits der Rezitation der *Ajsa* des *Kor'ans* in einem Mondmonat und andererseits der Passage unterschiedlicher Etappen in dem Fluss der Zeit im gottgegebene *Zeitsystem* vorgestellt. Wir sind davon überzeugt, dass gelehrte auftauchen werden, *Inscha Allah*, die diese Analyse in ganz neue Höhen tragen werden.

KAPITEL SECHS

DAJJĀL DER MOND UND DAS SYSTEM DER ZEIT IM ISLAM

Dajjāl, der falsche Messias, muss die gesamte Menschheit in einen gottlosen globalen Schmelztiegel einer Gemeinschaft bringen, die ihm politisch, ökonomisch und monetär unterworfen ist, um sein Ziel der Weltherrschaft aus Jerusalem zu verwirklichen.

Die Globalisierung findet in der modernen Welt nicht durch Zufall statt. Die Islamische Eschatologie hat erklärt das *Dajjāl,* der falsche Messias, die gesamte Menschheit in einen gottlosen globalen Schmelztiegel einer Gemeinschaft bringen muss, die ihm politisch, ökonomisch und monetär unterworfen ist, um sein Ziel der Weltherrschaft aus Jerusalem zu verwirklichen. Wir haben dieses Thema in unseren Büchern wie *„Jerusalem im Kor'an", „Erläuterung Israels Mysteriöser Imperialer Agenda", „Dajjāl der Kor'an und Ewwel el-Samān",* usw erklärt. [Siehe www.imranhosein.com]

Mond Zeit

Das vielleicht schwerste und am meisten frustrierende in Allah's Schöpfung, der *Dajjāl* in seinem Streben nach einer einzigen global vernetzten Gesellschaft die wie ein Uhrwerk arbeitet, begegnet ist, ist das unpräzise System der *Zeit* welches durch Allah den allerhöchsten erschaffen wurde und in dem der Mond eine zentrale Rolle spielt. Schulbuben verstehen diese göttliche Weisheit nicht. Allah der allerhöchste hat bestimmt, dass der Mond genutzt werden soll, um die Jahre zu zählen und somit auch die Zeit zu messen:

هُوَ الَّذِي جَعَلَ الشَّمْسَ ضِيَاءً وَالْقَمَرَ نُورًا وَقَدَّرَهُ مَنَازِلَ لِتَعْلَمُواْ عَدَدَ السِّنِينَ وَالْحِسَابَ مَا خَلَقَ اللّهُ ذَلِكَ إِلاَّ بِالْحَقِّ يُفَصِّلُ الآيَاتِ لِقَوْمٍ يَعْلَمُونَ

(Kor'an, Yūnus, 10:5)

Er ist es, der die Sonne zu einer Quelle strahlenden Lichtes gemacht hat und mit diesem Licht wird der Mond erhellt und er hat dem Mond Phasen des Wachstums und der Abnahme gegeben damit ihr ein System habt, um die Jahre zu berechnen und mit dem ihr die Zeit messen könnt. Nichts davon hat Allah grundlos erschaffen. Er gibt diese eindeutigen Nachrichten, den Menschen mit Einsicht.

Ein Mondmonat in dem ein Monat 29 Tage oder manchmal 30 Tage haben kann, ist unpräzise, denn der 29. Tag endet, bevor jemand weiß ob der Monat noch einen Tag weiter geht oder nicht.

Es ist aus göttlichem Entwurf, dass ein *System der Zeit* welches auf dem Mond basiert, die Einrichtung eines globalen *Zeitsystems* zunichtemacht, welches die gesamte Menschheit in ein einziges Netz verbinden würde. Die Konsequenz des Versagens einer solchen Einrichtung des universellen Zeitsystem Netzes wäre katastrophal, beispielsweise für Geschäfte die Weltweit über das Internet getätigt werden.

Der Mond existiert und funktioniert nicht in einem Vakuum. Vielmehr ist der Mond, Teil eines größeren gesamten in dem sich alle Teile von Allahs Schöpfung in Harmonie miteinander bewegen. Kein Teil kann ein anderes überholen:

لَا الشَّمْسُ يَنبَغِي لَهَا أَن تُدْرِكَ الْقَمَرَ وَلَا اللَّيْلُ سَابِقُ النَّهَارِ وَكُلٌّ فِي فَلَكٍ يَسْبَحُونَ

(Kor'an, Ya Sīn, 36:40)

Weder kann die Sonne den Mond überholen, noch die Nacht den Tag an sich reißen, denn alle schweben im Raum, nach unseren Gesetzen.

Als Allah der allerhöchste, der die *Samawāt*, oder parallel Universen, und die Erde erschaffen hat und die Menschheit dann geschickt hat um in diesem materialistischen Universum zu leben, in dem wir jetzt befinden, hat er alles nach einem *Mīzān*, oder einer Balance (Waage, oder Gleichgewicht), erschaffen und die Menschheit gewarnt den *Mīzān* nicht zu stören oder aufzugeben:

وَالسَّمَاء رَفَعَهَا وَوَضَعَ الْمِيزَانَ أَلَّا تَطْغَوْا فِي الْمِيزَانِ

(Kor'an, el-Rahmān, 55:7-8)

Er hat den Himmel erhoben und hat in seiner gesamten Schöpfung ein Gleichgewicht errichtet, mit der ernsten Warnung, dass Ihr niemals das Gleichgewicht stören oder sündigen dürft.

Unseren Lesern sollte klar sein, dass der Mond im *System der Zeit* mit dem oben genannten *Mīzān* integral verbunden ist.

Absolute Zeit – Ich bin Zeit!

عَنْ أَبِي هُرَيْرَةَ رَضِيَ اللَّهُ عَنْهُ، قَالَ قَالَ رَسُولُ اللَّهِ صَلَّى اللَّهُ عَلَيْهِ وَسَلَّمَ : قَالَ اللَّهُ يَسُبُّ بَنُو آدَمَ الدَّهْرَ، وَأَنَا الدَّهْرُ، بِيَدِي اللَّيْلُ وَالنَّهَارُ

Abu Huraira berichtete: Der gesandte von Allah, Friede und Segen seien mit ihm, hat gesagt, "Allah der allerhöchste sagte: Adams Sohn missbraucht mich. Er verflucht die Zeit und ich bin die Zeit, denn in meiner Hand ist die Nacht und der Tag."

(Buchārī, Muslim)

Allah der allerhöchste hat verkündet: Ich bin *Zeit!* Dies Bedeutet, dass ihm die *absolute Zeit* innewohnt.

Des Weiteren bedeutet die Erklärung, dass er die Schöpfung in 6 Tagen schuf und sich dann auf dem *Thron,* genauer gesagt, der Kommandozentrale, von dem aus er über alles herrscht und kontrolliert, was er erschaffen hat, niederließ, was wiederum bedeutet, dass die *Absolute Zeit* beim *Thron* ist und daher alle *Zeitsysteme* letztendlich mit der *Absoluten Zeit* beim *Thron* verbunden sind. Hier ist eines von vielen Versen im *Kor'an*, die uns zum *Thron* bringt.

الَّذِي خَلَقَ السَّمَاوَاتِ وَالْأَرْضَ وَمَا بَيْنَهُمَا فِي سِتَّةِ أَيَّامٍ ثُمَّ اسْتَوَى عَلَى الْعَرْشِ الرَّحْمَنُ فَاسْأَلْ بِهِ خَبِيرًا

(Kor'an, el-Furqān, 25:59)

Zusätzlich zur Absoluten Zeit hat der Kor'an die Existenz der kosmischen Zeit als Dimension der Zeit die mit der Absoluten Zeit verbunden ist, zutage gebracht.

Kosmische Zeit:

يُدَبِّرُ الْأَمْرَ مِنَ السَّمَاء إِلَى الْأَرْضِ ثُمَّ يَعْرُجُ إِلَيْهِ فِي يَوْمٍ كَانَ مِقْدَارُهُ أَلْفَ سَنَةٍ مِّمَّا تَعُدُّونَ

(Kor'an, el-Sejdeh, 32:5)

Er waltet über alles was existiert, vom himmlischen Weltall bis zur Erde; und am Ende wird alles zu Ihm aufsteigen [zur

Urteilung] am Tag der so lange sein wird [wie] tausend Jahre gemäß eurer Rechnung.

تَعْرُجُ الْمَلَائِكَةُ وَالرُّوحُ إِلَيْهِ فِي يَوْمٍ كَانَ مِقْدَارُهُ خَمْسِينَ أَلْفَ سَنَةٍ

(Kor'an, el-Meārij, 70:4)

Die Engel und die Seele bzw. die heilige Seele, steigen zu ihm täglich auf, an einem Tag der so lange ist wie fünfzig tausend Jahre.

Es ist gewiss, dass ein System von multi-dimensionaler *Zeit* eine *Mizān* haben muss, welches die *Absolute Zeit* mit der *kosmischen Zeit* und der Mondzeit verbindet; und es ist auch gewiss, dass die *Mizān* diese in Harmonie miteinander verbinden muss. Wenn wir die Mondzeit oder den Anschluss daran oder an die Welt der *Zeit* in der wir leben verlieren, dann wird die *kosmische Zeit,* die als Medium zum Erreichen der *absoluten Zeit* dient, unzugänglich bleiben. Der Preis, den wir dann zahlen würden ist, das *Nūr,* oder heiliges Licht von Allah den allerhöchsten uns nicht mehr durch die kosmische Welt erreichen kann, um unser Herz zu durchdringen.

Wenn wir kein *Nūr,* oder Licht, in unserem Herz haben, bleiben wir Menschen die intern Blind sind; die schlimme Bedeutung einer solchen Blindheit ist, dass wir ebenso Blind in der nachfolgenden Welt auferstehen werden:

$$وَمَن كَانَ فِي هَـذِهِ أَعْمَى فَهُوَ فِي الآخِرَةِ أَعْمَى وَأَضَلُّ سَبِيلاً$$

(Kor'an, el-Isra', 17:72)

Wer in dieser Welt blind ist bzw. intern Blind, wird auch in der nachfolgenden Welt blind sein, und sich noch weiter von der Wahrheit entfernen.

Eines der Konsequenzen der Blindheit in dieser Welt ist, dass Menschen nicht „denken"; sie würden ihre rationale Fähigkeit nicht nutzen, um die „Wahrheit" zu erkennen. Die würden das *Nūr* oder Licht von Allah nicht sehen. Das ist genau die Art von Welt die *Dajjāl* gerne haben möchte. Allah der allerhöchste hat eine so geringe Meinung von solchen Leuten, dass er sie mit Rindern vergleicht:

وَمَثَلُ الَّذِينَ كَفَرُواْ كَمَثَلِ الَّذِي يَنْعِقُ بِمَا لاَ يَسْمَعُ إِلاَّ دُعَاء وَنِدَاء صُمٌّ بُكْمٌ عُمْيٌ فَهُمْ لاَ يَعْقِلُونَ

(Kor'an, el-Baqarah, 2:171)

Das Gleichnis von denen, die die Wahrheit leugnen, ist das von einem Tier welches im Schrei des Hirten nichts als ein Geräusch und einen Ruf hört. Taub sind die, stumm und blind: denn sie nutzen ihren Verstand nicht.

وَمَنْ أَعْرَضَ عَن ذِكْرِي فَإِنَّ لَهُ مَعِيشَةً ضَنكًا وَنَحْشُرُهُ يَوْمَ الْقِيَامَةِ أَعْمَى

(Kor'an, Tā Hā, 20:124)

Aber was denjenigen anbelangt, der sich davon abwendet an mich zu denken – er wird auf ein enges und bedeutungsloses Leben beschränkt und am Tag der Wiederauferstehung werden wir ihn blind auferstehen lassen.

Als Allah der allerhöchste den *Samā el-Dunyah* erschaffen hat (*bzw.* das materialistische Universum, in dem wir leben), hat er auch noch Türen oder Tore erschaffen, durch die wir von dieser Welt des Raumes

und der Zeit in andere Welten von Raum und Zeit
gelangen können:

$$إِنَّ الَّذِينَ كَذَّبُواْ بِآيَاتِنَا وَ اسْتَكْبَرُواْ عَنْهَا لاَ تُفَتَّحُ
لَهُمْ أَبْوَابُ السَّمَاء وَ لاَ يَدْخُلُونَ الْجَنَّةَ حَتَّى يَلِجَ
الْجَمَلُ فِي سَمِّ الْخِيَاطِ وَكَذَلِكَ نَجْزِي الْمُجْرِمِينَ$$

(Kor'an, el-'Arāf, 7:40)

*Die Türen (oder Tore) des Universums (durch die, die Engel in
diese Welt von Raum und Zeit herabkommen und durch die
Diener von Allah mit Basar durchqueren, bzw. interne Sicht,
über diese Welt des Raumes und der Zeit hinaus in andere
Welten) wird denen die unsere Ayāt verächtlich ablehnen, nicht
geöffnet; und sie können Jannah nicht betreten, ehe ein Kamel
durch ein Loch, der Größe eines Nadelkopfes passt (also nie) und
so bestrafen wir die, die in Sünde verloren sind.*

$$وَلَوْ فَتَحْنَا عَلَيْهِم بَابًا مِّنَ السَّمَاء فَظَلُّواْ فِيهِ
يَعْرُجُونَ لَقَالُواْ إِنَّمَا سُكِّرَتْ أَبْصَارُنَا بَلْ نَحْنُ
قَوْمٌ مَّسْحُورُونَ$$

(Kor'an, el-Hijr, 15:14-15)

*Doch selbst wenn Wir ihnen ein Tor zum Himmel geöffnet hätten
und sie, immer wieder, dazu aufgestiegen wären, hätten sie*

sicherlich gesagt, "Es sind nur unsere Augen, die verzaubert sind! Nein, wir wurden verzaubert!"

Allah der allerhöchste hat ein *Zeitsystem* erschaffen, mit dem wir leben sollen, mit dem wir die *Zeit* messen sollen und noch wichtiger, unterschiedliche Welten von Raum und *Zeit* durchqueren sollen. Das *System der Zeit* wurde erschaffen und kreiert durch Allah den allerhöchsten, um eine kritisch wichtige Rolle in unserem spirituellen Leben zu spielen. Wir müssen damit *sehen, denken,* und mithilfe dessen *leben.* Wir müssen mit Hilfe dessen schlafen und damit aufwachen. Am allerwichtigsten ist, unsere Herzen müssen damit synchron schlagen. Wenn Menschen aufhören zu *denken,* verführt *Dajjāl* sie dazu, das Gleichgewicht des *Zeitsystems* zu stören; die Konsequenz ist, dass sie den wichtigen Kontakt zum *Zeitsystem* verlieren und dafür einen schrecklichen Preis zahlen.

Dieses Buch wurde geschrieben um unsere Leser, die „denken" daran zu erinnern, dass der *Hilāl,* oder Mondsichel, und die unterschiedlichen Phasen des Mondes (die wir alle mit dem bloßen Auge sehen) genau im Herzen des gottgegebenen *Zeitsystems* sind:

يَسْأَلُونَكَ عَنِ الأهِلَّةِ قُلْ هِيَ مَوَاقِيتُ لِلنَّاسِ
وَالْحَجِّ . . .

(Kor'an, el-Baqarah, 2:189)

Und Sie befragen dich über den Mondsichel; Sag denen, dass der Mondsichel der Menschheit ein System der Zeit gibt –

… durch das die Zeit, beispielsweise, gemessen werden kann. Der Mondsichel muss demnach dazu verwendet werden, die Hajj oder Pilgerfahrt nach Ka'aba in Mekka zu messen.

Der *Kor'an* hat des Weiteren erklärt, dass die Funktion der Sonne im Zeitsystem, das Erhellen des Mondes ist und dass die durchgehende Bewegung des Mondes um die Erde herum, dazu dient, dass der Mond progressiv erleuchtet wird, auf so eine Weise, dass es ein *Zeitsystem* liefert mit der die Menschheit die *Zeit* berechnen kann:

هُوَ الَّذِي جَعَلَ الشَّمْسَ ضِيَاءً وَالْقَمَرَ نُورًا
وَقَدَّرَهُ مَنَازِلَ لِتَعْلَمُواْ عَدَدَ السِّنِينَ وَالْحِسَابَ مَا
خَلَقَ اللهُ ذَلِكَ إِلاَّ بِالْحَقِّ يُفَصِّلُ الآيَاتِ لِقَوْمٍ
يَعْلَمُونَ

Er ist es, der die Sonne zu einer Quelle strahlenden Lichtes gemacht hat und mit diesem Licht wird der Mond erhellt und er hat dem Mond Phasen des Wachstums und der Abnahme gegeben damit ihr ein System habt, um die Jahre zu berechnen und mit dem ihr die Zeit messen könnt. Nichts davon hat Allah grundlos erschaffen. Er gibt diese eindeutigen Nachrichten, den Menschen mit Einsicht.

Allah der allerhöchste erinnert uns daran, auf dass wir es nicht vergessen, dass die Nacht, der Tag, die Sonne, der Mond und die Sterne alle erschaffen wurden, um der Menschheitswillen zu funktionieren und nützlich zu sein:

وَسَخَّرَ لَكُمُ اللَّيْلَ وَالنَّهَارَ وَالشَّمْسَ وَالْقَمَرَ وَالنُّجُومُ مُسَخَّرَاتٌ بِأَمْرِهِ إِنَّ فِي ذَلِكَ لَآيَاتٍ لِّقَوْمٍ يَعْقِلُونَ

(Kor'an, el-Nahl, 16:12)

Und er hat die Nacht, den Tag und die Sonne und den Mond seinen Gesetzen unterworfen, so dass sie euch nützen; und all die Sterne sind seinem Befehl unterworfen: siehe, dies sind wahrhaftig Nachrichten für Menschen, die ihre rationale Fähigkeit nutzen!

Der *Kor'an* erklärt, dass die Etappen des Wachstums und der Abnahme des Mondes als ein *Kompass* dienen mit, dem die Menschheit in einem Mondmonat durch die Zeit navigieren soll:

$$\text{وَالْقَمَرَ قَدَّرْنَاهُ مَنَازِلَ حَتَّى عَادَ كَالْعُرْجُونِ الْقَدِيمِ}$$

(Kor'an, Yasin, 36:39)

Und wir haben dem Mond bestimmt, dass es Etappen des Wachstums und der Abnahme durchqueren soll, bis es wie ein alter, getrockneter und gekrümmter Zweig einer Dattelpalme zurückkehrt.

Für die Diener Allahs den allerhöchsten, gibt es keinen anderen Monat als den Mondmonat. Solange die Menschheit mit dem Mond lebte — von der Zeit seiner Geburt als Mondsichel, durch seine Stadien des Wachstums und der Abnahme bis es wie ein „alter, trockener, verwelkter Zweig einer Dattelpalme" geworden ist — lebte die Menschheit in einer normalen Welt der Zeit, in der ein Jahr wie ein Jahr, ein Monat wie ein Monat, eine Woche wie eine Woche, ein Tag wie ein Tag, usw. verging. Die normale Welt der Zeit war auch noch eine heilige Welt der Zeit; daher konnte die *Zeit* als ein Fahrzeug für das Herz funktionieren, um nach Welten weit über diese Welt hinaus, zu reisen.

Der berühmte Poet, Dr. Muhammed Iqbāl, schrieb einst "es gibt Welten hinter den Sternen":

ستاروں سے آگے جہاں اور بھی ہیں

Aber die heidnischen Araber haben das *System der Zeit* geändert und als Konsequenz blieben viele von ihnen taub, stumm und blind als Allah der allerhöchste den letzten der Propheten aus ihrem eigenen Volke erhob. Der *Kor'an* hat diese *Kufr,* oder Ungläubigkeit (Blasphemie), der heidnischen Araber, die dem zwölfjährigen Mondjahr periodisch einen zusätzlichen Monat hinzugefügt haben, damit das Mondjahr mit dem Solarjahr synchronisiert werden kann, erwähnt. Allah der allerhöchste hat diese Manipulation des *Zeitsystems* als *Kufr* oder Ungläubigkeit (Blasphemie) verurteilt:

إِنَّمَا النَّسِيءُ زِيَادَةٌ فِي الْكُفْرِ يُضَلُّ بِهِ الَّذِينَ كَفَرُواْ يُحِلُّونَهُ عَامًا وَيُحَرِّمُونَهُ عَامًا لِّيُوَاطِئُواْ

عِدَّةَ مَا حَرَّمَ اللَّهُ فَيُحِلُّواْ مَا حَرَّمَ اللَّهُ زُيِّنَ لَهُمْ سُوءُ أَعْمَالِهِمْ وَاللَّهُ لاَ يَهْدِي الْقَوْمَ الْكَافِرِينَ

(Kor'an, el-Taubah, 9:37)

Dies ist ein weiteres Beispiel für deren Ablehnung der Wahrheit, in die sie eingegriffen haben und das System der Zeit geändert haben welches durch Allah den allerhöchsten bestimmt wurde, in dem ein Jahr aus zwölf Mondmonaten besteht. Vielmehr haben die es statthaft gemacht an manchen Anlässen einen weiteren Monat hinzuzufügen, während die es an anderen Zeiten verboten haben; somit wurden die in die Irre geführt. Damit, dass sie manchmal die zwölf Monate beibehalten haben, während sie es zu anderen Zeiten geändert haben, haben sie behauptet es sei passend zu Allah's Zeitsystem. Deren böses Verhalten mag denen gut scheinen, aber die sollten wissen das Allah, Leuten die die Wahrheit ablehnen, in keiner Weise einen Leitfaden gibt (also nicht hilft).

Dann tauchte eine andere heidnische Zivilisation auf der Weltbühne auf, die als moderne westliche Zivilisation in Erscheinung trat. Sie entstand in *Āchir el-Zamān*, oder der End-Zeit und hat, wie die heidnischen Araber, das Jahr mit zwölf Monaten beibehalten, aber willkürlich entschieden, dass manche Monate 30 Tage lang sind und andere 31, während nur ein Monat *bzw.*

der Februar, manchmal 28 Tage und manchmal 29 Tage haben sollte. Dadurch hat es der Menschheit ein neues *Zeitsystem* gegeben, welches gezielt vom Mondmonat abwich, aber gleichzeitig das Mondjahr mit dem Sonnenjahr synchronisiert hat.

Wir erinnern unsere vornehmen Leser daran, dass es der Römisch-katholische Papst in Rom war, der den ungeheuerlich zerstörerischen Angriff auf das heilige *System der Zeit*, welches überall in Allahs Schöpfung funktioniert und in dem sich der Mondmonat genau im Herzen befindet, veranlasst hat. Er war es, der das heilige *System der Zeit* mit einem falschen *Zeitsystem* ersetzt hat, in dem er sich dazu entschied, wie die heidnischen Araber, die zwölf Monate zu behalten aus denen ein Jahr besteht, aber willkürlich auf den Mondmonat verzichtet, um es mit Monaten zu ersetzen die 31, 30, 29 und 28 Tage lang sind.

Die Moderne westliche Zivilisation ging dann weiter und hat das Teuflische *System der Zeit* auf die gesamte Menschheit aufgezwängt und in diesem Prozess hat der heidnische Westen erfolgreich immer 999 von 1000 Menschen dazu gebracht, das heilige *Zeitsystem* zu verlassen, welches durch den einen Gott aller Menschen gegeben wurde.

Unsere vornehmen Leser brauchen keine Doktortitel, um zu verstehen, dass der Papst in Rom zugunsten von *Dajjāl* dem falschen Messias gehandelt hat.

Als eine Konsequenz der universellen Akzeptanz von der Änderung des *Mondzeitsystems*, durch das die meisten Leute *Kufr* oder Ungläubigkeit begangen haben, lebt die Menschheit nicht mehr mit dem *System der Zeit* welches durch Allah den allerhöchsten bestimmt wurde. Die meisten Muslime drehen sich jetzt nur noch zum Mond um religiöse Ereignisse zu bestimmen wie dem *Ramadān* fasten und der Feier von *Eyd el-Fitr* und *Eyd el-Adhā.*

Hier sind überzeugende Beweise, die die furchtbaren Warnungen im *Kor'an* in *Sūre el-'Asr* bestätigen, dass wenn die späte Stunde der Geschichte eintrifft, die Menschheit in einem verlorenen Zustand leben wird, außer denen die einen Glauben haben, sich gerecht verhalten, sich gegenseitig dazu anhalten an der Wahrheit festzuhalten und in der Not geduldig sind!

وَالْعَصْر

إِنَّ الْإِنسَانَ لَفِي خُسْرٍ

إِلَّا الَّذِينَ آمَنُوا وَعَمِلُوا الصَّالِحَاتِ وَتَوَاصَوْا

بِالْحَقِّ وَتَوَاصَوْا بِالصَّبْرِ

(Kor'an, el-Asr, 103:1-3)

Allah der allerhöchste leistet an dem Moment in der Zeit einen Eid, an dem die späte Stunde der Geschichte eintrifft, dass die gesamte Menschheit, zu der Zeit, in einem verlorenen Zustand leben wird, außer denen, die einen Glauben haben, sich gerecht verhalten, sich gegenseitig dazu anhalten an der Wahrheit festzuhalten und in der Not der Zeit geduldig sind.

Der *Kor'an* prophezeite, dass die Menschheit den Mond aufgeben wird und in diesem Prozess, das heilige *System der Zeit* verlassen wird, welches ihnen durch Allah den allerhöchsten bestimmt wurde. Das tat er, als er erklärt hat, dass wenn sich die letzte Stunde nähert, der Mond geteilt wird:

اقْتَرَبَتِ السَّاعَةُ وَانشَقَّ الْقَمَرُ

(Kor'an, el-Qamer, 54:1)

Wenn sich die letzte Stunde nähert, wird sich der Mond teilen!

Das Resultat des Verlassens des durch Allah bestimmten *Zeitsystems* ist, dass die unheilvolle Prophezeiung des Propheten Muhammed (صلي الله عليه و سلم) jetzt für den Großteil der Menschheit erfüllt wurde und eine eigenartige und unheilvolle Welt entstanden ist, in der sich die *Zeit* immer *schneller und schneller* bewegt. Der gesegnete Prophet prophezeite, dass ein ganzes Jahr wie ein Monat, ein ganzer Monat wie eine Woche, eine ganze Woche wie ein Tag, usw. vergehen würde:

حَدَّثَنَا عَبَّاسُ بْنُ مُحَمَّدٍ الدُّورِيُّ، حَدَّثَنَا خَالِدُ بْنُ مَخْلَدٍ، حَدَّثَنَا عَبْدُ اللَّهِ بْنُ عُمَرَ الْعُمَرِيُّ، عَنْ سَعْدِ بْنِ سَعِيدٍ الأَنْصَارِيّ، عَنْ أَنَسِ بْنِ مَالِكٍ، قَالَ قَالَ رَسُولُ اللَّهِ صلى الله عليه وسلم "لاَ تَقُومُ السَّاعَةُ حَتَّى يَتَقَارَبَ الزَّمَانُ فَتَكُونُ السَّنَةُ كَالشَّهْرِ وَالشَّهْرُ كَالْجُمُعَةِ وَتَكُونُ الْجُمُعَةُ كَالْيَوْمِ وَيَكُونُ الْيَوْمُ كَالسَّاعَةِ وَتَكُونُ السَّاعَةُ كَالضَّرْمَةِ بِالنَّارِ" . قَالَ أَبُو

عِيسَى هَذَا حَدِيثٌ غَرِيبٌ مِنْ هَذَا الْوَجْهِ . وَسَعْدُ بْنُ سَعِيدٍ هُوَ أَخُو يَحْيَى بْنِ سَعِيدٍ الأَنْصَارِيّ .

Anas bin Malik berichtet, dass der Bote Allahs gesagt hat:

"Die letzte Stunde wird nicht kommen ehe die Zeit eingeengt wird und ein Jahr wie ein Monat und ein Monat wie eine Woche und eine Woche wie ein Tag und ein Tag wie eine Stunde und eine Stunde so schnell vergeht wie es dauert ein Feuer anzuzünden."

(Sahīh Buchārī)

Dieser Schriftsteller argumentiert, dass als die Menschheit das durch Allah dem allerhöchsten bestimmte *Zeitsystem* verlassen hat und dazu verleitet wurde, ein Rivalen System einer ständig fortschreitenden technologischen *Zeit* anzunehmen, dies zu dem Resultat geführt hat, dass die, durch Allah den allerhöchsten bestimmte, *Mizān* oder das Gleichgewicht gestört wurde. Und die Herzen des Großteils der Menschheit schlägt nicht mehr in Harmonie mit der Zeit, welches durch Allah bestimmt wurde. Das ist die Erklärung für die Empfindung, dass sich die *Zeit* jetzt immer *schneller und schneller* bewegt.

Islamische Eschatologie erlaubt uns das Rivalen System der technologischen *Zeit* zu identifizieren, in der die *Zeit*, mit *Dajjāl* dem falschen Messias, immer *schneller und schneller* vergeht. Das tun wir selbstverständlich im Zusammenhang mit der Islamisch Eschatologischen Erklärung einer modernen Westlichen Zivilisation die, wie *Dajjāl*, das Wort *Kufr* auf der Stirn geschrieben stehen hat.

Dajjāls Masterplan sowohl ein falsches *Zeitsystem*, als auch eine sich schneller fortschreitende technologische *Zeit* zu geben, ereignet sich vor unseren fassungslosen Augen und die ersten beiden Verluste sind folgende:

Erstens, diejenigen die sich in einer schnellen fortschreitenden technologischen Zeit befinden, finden keine *Zeit* mehr den *Kor'an* zu rezitieren, wie er rezitiert werden sollte bzw. einmal im Monat vom Anfang bis zum Ende. Der *Kor'an* hat eine Beschwerde des Propheten Muhammed (صلى الله عليه و سلم) aufgezeichnet, der sich bei Allah dem allerhöchsten über sein Volk beschwert hat, dass diese den *Kor'an* verlassen, haben:

وَقَالَ الرَّسُولُ يَا رَبِّ إِنَّ قَوْمِي اتَّخَذُوا هَذَا الْقُرْآنَ مَهْجُورًا

93

Und an dem Tag wird der Gesandte von Allah sagen: "O mein Rab, sieh, mein Volk hat den Kor'an verlassen!"

Der allererste Beweis eines solchen Verrats am *Kor'an* ist, dass Muslime den *Kor'an* nicht mehr gemäß der gottgegebenen Weise rezitieren.

Eine Konsequenz dieses Verrats am Buch von Allah ist, dass die den *Kor'an* weder studieren können, noch der *Kor'an* denen einen *Hijāb* geben kann, der die von der gottlosen Welt trennt und die vor so vielen Gefahren decken und schützen kann, die sich in der Endzeit ereignen.

Zweitens, während die das *System der Zeit,* welches durch Allah den allerhöchsten bestimmt wurde, verlassen, werden die schließlich dazu verurteilt in einem spirituellen Vakuum zu leben; und so wie die durch eine immer schnelle fortschreitende technologische Zeit ergriffen werden, werden die in *Dajjāls System der Zeit* gefangen gehalten. Solche Leute werden zu oberflächlichen Denkern die für den Moment, für das jetzt, in kleinen Zeitkapseln leben. Die können die Punkte der Geschichte nicht verknüpfen, die nötig sind, um die Vergangenheit richtig zu lesen und zu verstehen; die können die Welt von heute nicht durchdringen, um die *Realität* zu verstehen, mit denen die heute konfrontiert werden; und es fehlt denen an der nötigen Einsicht mit der man die sogar noch gefährlichere Welt, die vor uns liegt, vorhersehen kann.

Der Hauptzweck dieses Buches ist es, die Aufmerksamkeit der Leser auf die Rolle der durchgehenden Rezitation des *Kor'an*, jeden *Mondmonat vom Anfang bis zum Ende*, zu lenken, auf die Weise auf, die Allah der allerhöchste befohlen hat den *Kor'an* zu rezitieren. Mit dessen Hilfe Muslime die verlorene *Mizān* wiedergewinnen und zu dem System der Zeit welches durch Allah den allerhöchsten bestimmt wurde, zurückkehren können. So können die vor dem griff aus *Dajjāls* rivalisierendem Zeitsystem, entfliehen.

Das wird dadurch möglich, das Allah der allerhöchste eine *Mizān* im *Kor'an* geliefert hat und so wie sie den *Kor'an* auf die Weise rezitieren wie er rezitiert werden soll, stellt der *Kor'an* den Herzen, *Mizān* wieder her:

اللَّهُ الَّذِي أَنزَلَ الْكِتَابَ بِالْحَقِّ وَالْمِيزَانَ وَمَا يُدْرِيكَ لَعَلَّ السَّاعَةَ قَرِيبٌ

Allah der allerhöchste hat das Buch mit Wahrheit und einem inne liegenden Gleichgewicht herabgesandt; wann werdet ihr begreifen, dass die letzte Stunde naheliegt und dass ihr dieses Buch und dieses Gleichgewicht mehr als je zuvor brauchen werdet?

So wie der Leser, der Methodik der *Kor'an* Rezitation folgt welches in diesem Buch erklärt wird, wird er oder sie die *Mizān* der *Zeit* wiedergewinnen und infolgedessen den *Zeitfluss* wieder als normal wahrnehmen; somit würde ein Jahr wieder wie ein Jahr vergehen, ein Monat wie ein Monat, eine Woche wie eine Woche, ein Tag wie ein Tag, usw.

Dieses Buch stellt somit überzeugende Beweise für die strategische Bedeutung der Islamischen Eschatologie dar, in dem es die außerordentliche Rolle der durchgehenden, unverstellten, *Kor'an* Rezitation (im Unterschied zu anderen Wegen der *Kor'an* Rezitation) um für die Sicherheit in der Endzeit zu sorgen, erkennt.

Der Hindu, Buddhist, Jude und Christ müsste, Falls er sich dem *Kor'an* nicht zuwenden möchte, sich eine Alternative finden, um die *normale Zeit* in sein Leben zurückzuholen. Der Muslim hat Glück, dass er den göttlich geschützten *Kor'an* hat.

KAPITEL SIEBEN

DER VORTEIL DER KOR'AN REZITATION AUF DIE WEISE WIE ES REZITIERT WERDEN SOLL

وَإِذَا قَرَأْتَ الْقُرآنَ جَعَلْنَا بَيْنَكَ وَبَيْنَ الَّذِينَ لاَ يُؤْمِنُونَ بِالآخِرَةِ حِجَابًا مَّسْتُورًا

(Kor'an, el-Isra', 17:45)

Wann immer ihr den Kor'an (so wie er rezitiert werden soll) rezitiert, stellen wir eine unsichtbare Barriere zwischen und denen die nicht an das Leben hiernach glauben; somit bleibt ihr von ihren Angriffen geschützt.

Die Historische *Zeit* hatte einen Sonnenaufgang und bewegt sich konstant über, in einen Sonnenuntergang. Der *Kor'an* hat davor gewarnt, dass wenn der späte Nachmittag der Geschichte ankommt, die gesamte Menschheit — Außer denen die an Allah den allerhöchsten glauben, die sich rechtschaffend

98

Verhalten und die einander ermahnen standhaft an der Wahrheit festzuhalten und angesichts dieser Prüfungen, Schwierigkeiten und Widrigkeiten dieser *Zeit*, geduldig zu sein, in einem verlorenen Zustand sein werden:

وَالْعَصْرِ

إِنَّ الْإِنسَانَ لَفِي خُسْرٍ

إِلَّا الَّذِينَ آمَنُوا وَعَمِلُوا الصَّالِحَاتِ وَتَوَاصَوْا بِالْحَقِّ وَتَوَاصَوْا بِالصَّبْرِ

(Kor'an, el-Asr, 103:1-3)

BETRACHTE den Flug der Zeit in der Geschichte, wie es von seinem Sonnenaufgang zu seinem Sonnenuntergang reist und am späten Nachmittag der Geschichte ankommt. Wahrlich, die Menschheit ist daran gebunden sich selbst angesichts der Tests und Widrigkeiten dieser Zeit zu verlieren, es sei denn sie gehören zu denen die Glaube erlangen und Gutes tun und einander ermahnen standhaft an der Wahrheit festzuhalten und in der Notzeit geduldig zu sein.

Unter den Tests und Widrigkeiten dieser *Zeit*, also am späten Nachmittag der Geschichte, ist der höchste Test bezogen auf die „*Zeit*" selbst. Während die Menschheit fehlgeleitet und verführt wird das *System der Zeit* welches durch Allah den allerhöchsten bestimmt wurde, aufzugeben, hat Prophet Muhammed (صلى الله عليه و سلم) gewarnt, dass die *Zeit* für sie gefühlt *schneller und schneller* vergehen wird. Das würde auftreten, weil sich die Herzen solcher Leute mehr und mehr in Richtung *Kufr* oder Ungläubigkeit bewegen würde.

Dieses Buch wurde geschrieben, um die Leser so zu leiten, dass sie den *Kor'an* auf die Weise rezitieren, dass es ihre Herzen auf den Weg Allahs zurückbringt, so dass diese jetzt in Harmonie mit der restlichen Schöpfung Allahs schlagen. Das Resultat einer solch konstanten Rezitation des *Kor'an* ist, dass die Zeit nicht mehr schneller und schneller fortschreiten würde, sondern vielmehr normal verlaufen würde, wie es durch Allah den allerhöchsten bestimmt ist.

Es gibt viele andere Vorteile vom konstanten Rezitieren des *Kor'an,* gemäß der Methodik zur Vervollständigung Rezitation in einem Monat, die in diesem Buch erklärt wird. Zum Beispiel hat Allah der allerhöchste bekannt gegeben, dass er uns mit einem *Hijāb* vor den Schäden schützen kann, die von der gottlosen Welt kommen, in der wir jetzt leben:

وَإِذَا قَرَأْتَ الْقُرآنَ جَعَلْنَا بَيْنَكَ وَبَيْنَ الَّذِينَ لاَ يُؤْمِنُونَ بِالآخِرَةِ حِجَابًا مَّسْتُورًا

(Kor'an, el-Isra', 17:45)

Wann immer ihr den Kor'an rezitiert (auf die Weise wie es rezitiert werden soll), platzieren wir eine unsichtbare Barriere zwischen euch und denen die nicht in das Leben hiernach glauben; somit bleibt ihr von ihren Angriffen geschützt.

SCHLUSSFOLGERUNG

Es wäre schwer zu erklären, warum die meisten die
dieses Buch in diesem düsteren modernen Zeitalter
lesen, einschließlich vielen die ihr Leben lang dem
Kor'an verbunden waren, Dinge über den *Kor'an* lernen
würden, die sie nie zuvor kannten und sie jetzt zum
ersten Mal lernen. Die erste Reaktion wäre ein Schock
und das würde Zweifel an diesem Buch hervorrufen.
Wir fordern sie deswegen sanft dazu auf dieses Buch
nochmal vorsichtig zu studieren bevor sie ein
ungünstiges Urteil fällen.

Durch die Beweise aus diesem Buch wären einige Leser
überrascht zu erfahren, dass sie ihr Leben lang eine
Pflicht haben, den *Kor'an,* von Anfang bis Ende einmal
im Monat, zu rezitieren und das wenn sie das nicht tun,
können sie möglicherweise denen Gesellschaft leisten
die den *Kor'an* verlassen und aufgegeben haben. Wir
erinnern daran das Prophet Muhammed (صلي الله عليه و سلم)
sich bei Allah dem allerhöchsten beklagt hat, das sein

Volk den *Kor'an* verlassen hat. Diese Beschwerde ist so groß, dass sie eine Verse im *Kor'an* ausmacht:

وَقَالَ الرَّسُولُ يَا رَبِّ إِنَّ قَوْمِي اتَّخَذُوا هَذَا الْقُرْآنَ مَهْجُورًا

(Kor'an, el-Furqān, 25:30)

Der Gesandte von Allah hat sich bei Allah dem allerhöchsten beklagt: "O mein Rab! Mein Volk hat den Kor'an verlassen!"

Es ist sogar noch erstaunlicher, dass genau die Menschen, die im Wesentlichen den *Kor'an* verlassen haben, oder weniger als eine vorübergehende Bekanntschaft mit dem Wissen haben, welches in diesem Buch über den *Kor'an* geboten wird und die jetzt als Vorsitzende oder als Mitglied von Verwaltungskomitees die Angelegenheiten von Moscheen kontrollieren, diesen Schriftsteller jetzt daran hindern sollen in Moscheen, die unter ihrer Kontrolle sind, zu Lehren und unterrichten.

Der Grund für diese unheilvolle Übernahme der Häuser Allahs, in der Welt des Islam, durch solche Leute ist, dass die Feinde des Islam, die authentischen Gelehrten des Islam Weltweit zum Schweigen bringen wollen und sie mit denen ersetzen wollen, die den Islam auf eine Weise lehren und predigen, die *Dajjāl* und seinem bösen Zionisten Plan zur Herrschaft der Welt verhelfen.

Prophet Muhammed (صلي الله عليه و سلم) hat vor einem *Zeitalter* gewarnt in der nichts vom Islam übrigbleibt als der Name; und er fuhr fort, uns die Mittel zu geben mit denen wir dieses *Zeitalter* erkennen können. Er sagte das nichts vom *Kor'an* übrig bleiben wird außer den Spuren der Schrift. Es wäre also eine Konsequenz der Aufgabe des *Kor'an*, dass der große Zusammenbruch kommen würde. Er fuhr dann mit der Prophezeiung fort und sagte, dass die Moscheen große Strukturen seien aber ohne jegliche Führung. Sie wären ohne Führung, weil der *Kor'an* in den Moscheen nicht richtig erklärt und unterrichtet wird und das würde wiederum geschehen, weil die kompetenten Gelehrten, die es beibringen können, nicht in den Moscheen lehren und predigen dürfen. Der gesegnete Prophet endete seine Prophezeiung damit, die primäre Aufmerksamkeit auf die Gelehrten des Islam zu lenken, die den Islam verraten, während sie den Moscheen verbunden bleiben in denen die Freiheit effektiv verboten wird und die, infolgedessen frei von Führung sind. Er verkündete, dass solche Gelehrten des Islam, die schlimmsten Menschen unter dem Himmel sind:

يوشك أن يأتي على الناس زمان لا يبقى من الإسلام إلا اسمه ولا يبقى من القرآن إلا رسمه ، مساجدهم عامرة وهي خراب من الهدى ، علماؤهم شر من تحت أديم السماء ، من عندهم تخرج الفتنة ، وفيهم تعود

Es wird eine Zeit auf die Menschen zukommen, in der nichts vom Islam übrig bleibt außer dem Namen und nichts vom Kor'an übrig bleibt abgesehen von der Form der Buchstaben. Moscheen werden große Strukturen sein aber fern von einer Führung. Ihre Gelehrten werden die schlimmsten Menschen unter dem Himmel sein und Korruption würde von ihnen kommen und zu ihnen zurück kehren – somit würden sie der Hauptgrund für den Zusammenbruch sein.

(Sunan, Baihaqī)

Während wir denen vergeben können die uns sündhafte Dinge antun, können wir nicht denen vergeben die uns daran hindern den gesegneten *Kor'an* zu unterrichten – besonders im Hause von Allah; und so ist es das, wenn unsere Bemühungen den *Kor'an* zu unterrichten durch Allah den allerhöchsten akzeptiert wird, die die uns daran hindern den *Kor'an* zu lehren, für ihr sündhaftes Verhalten am Tag des Jüngsten Gerichts antworten müssen. Wenn sie dafür in das Höllenfeuer kommen, weil sie die Gelehrten des Islam daran gehindert haben, den *Kor'an*, besonders in Moscheen, zu unterrichten, werden sie nur sich selbst dafür beschuldigen können.

Wir beten dafür, dass dieser *Kor'an* schließlich die Türen der Moschee für die aufbricht, die einen Glauben in den Kor'an haben und die dem *Kor'an* treu sind. Amiin!

Wir leben in einer Welt, in der Gläubige immer weniger und weniger Zeit zum Rezitieren des *Kor'an* haben und als Konsequenz gibt es viele die das Buch nicht mehr rezitieren; es ist nicht weit hergeholt vorherzusehen, das eine Generation kommen wird, die das rezitieren des *Kor'an* verlassen wird. Der *Kor'an* hat in der Tat vor einer solchen Desertion des heiligen Buches gewarnt. Das hat es in einer Beschwerde des Propheten getan, die im heiligen Buch aufgezeichnet ist:

وَقَالَ الرَّسُولُ يَا رَبِّ إِنَّ قَوْمِي اتَّخَذُوا هَذَا الْقُرْآنَ مَهْجُورًا

(Kor'an, el-Furqān, 25:30)

Der Gesandte Allahs hat sich beschwert: O Rab, mein Volk hat den Kor'an zweifellos aufgegeben.

Der Kor'an muss auch studiert werden!

Zusätzlich zu der durchgehenden Rezitation des *Kor'an*, müssen wir es studieren damit wir Erklärungen für alles finden, was es bietet:

وَنَزَّلْنَا عَلَيْكَ الْكِتَابَ تِبْيَانًا لِّكُلِّ شَيْءٍ وَهُدًى وَبُشْرَى وَرَحْمَةً لِّلْمُسْلِمِينَ

(Kor'an, el-Nahl, 16:89)

Und wir haben dir, o Muhammed, ein Buch herabgesendet das alles erklärt und eine Führung gibt die eine Güte und Barmherzigkeit für Muslime ist.

Der *Kor'an* erklärt zum Beispiel, das Geld einen inneren Wert hat, so dass es seinen Wert über längere Zeit behalten kann. Folglich erwähnt der *Kor'an* explizit den *Dinār* oder

Goldmünze, und *Dirham* oder Silbermünze, als Geld. Wenn solches Geld verwendet wird kann es getreu seinen Wert über eine lange Zeitspanne behalten; daher hat der junge Mann der aus der Höhle gekommen ist, wie es in *Sure el-Kahf* beschrieben wird, und über 300 Jahre geschlafen hat, nach so langer Zeit immer noch essen mit dem eigenen Geld kaufen können. (Beim Vorbeikommen weisen wir darauf hin das, der Kor'an sagt, dass sie 300 Jahre geschlafen haben — „aber sie haben eine neun hinzugefügt" — es deutet auf den sündhaften Versuch hin, die Mond Zeit mit der Sonnenzeit als Mittel auf den sündhaften Versuch hin, die Mond Zeit mit der Sonnenzeit als Mittel zur Messung des Zeitlaufs, zu ersetzen: 300 Mondjahre + 9 Mondjahre = 300 Sonnenjahre. Dieser Schriftsteller ist einem seiner Schüler dankbar dafür, dass er ihn auf das Verständnis dieser Verse des Kor'an aufmerksam gemacht hat.) Der *Kor'an* beschreibt Geld auch als etwas materiell Greifbares. Geld hat ein Gewicht, da die Israelis die Ernennung *Tālūts* oder Saul, als König widersprochen haben, mit der Argumentation in *Sūre el-Baqarah* (2:247), dass er nicht einmal ein *Sa'a* an Vermögen besitzt. Ein *Sa'a* ist natürlich ein Gewichtsmaß.

Es ist gewiss ein Verrat am *Kor'an* das Scharen von Muslimen heute über die gefährlichen Änderungen, die in der Welt des Geldes stattfinden, in einem Zustand seliger Ignoranz sind.

Dieser Schriftsteller hat sein gesamtes Leben daran gewidmet, Bücher zu schreiben, die das meiste, was der *Kor'an* über das Zeitalter in dem wir jetzt leben bzw. *Āchir el-Samān* oder Endzeit, beschreibt, lokalisiert.

Dieser Schriftsteller bietet sein Buch mit dem Titel *Der Kor'an und der Mond – Methodik zur Rezitation des Kor'an*, sowie das begleitende Buch welches jetzt umbenannt wurde in: *Der Kor'an und die Sterne– Methodik zum Studieren des Kor'an*, Schülern an die an Hochschulen höherer Islamwissenschaften studieren wie Beispielsweise *Dār el-'Ulūm* und *Jāmi'ah* so wie Absolventen solcher Institutionen, mit der zuversichtlichen Erwartung, dass ihnen diese Bücher zu dem „denken" verhelfen werden.

Das tut er, während er sich an das unheilvolle Kommentar des bedeutenden Islam Gelehrten, Dr. Muhammed Iqbāl (رحمه الله) erinnert, der nicht in *Dār el-'Ulūm* oder *Jāmi'ah* unterrichtet wurde und der verkündet hat, dass die Welt des Islam vor 500 Jahren aufgehört hat zu „denken".

(Siehe, sein Aufsatz 'The Principle of Movement in the Structure of Islam' in *Reconstruction of Religious Thought in Islam*. http://www.archipress.org/docs/pdf/iqbalreconstruction.pdf)

Liste von Büchern – The INH Bookstore

www.imranhoseincom

1. Zeichen des letzten Tages im modernen Zeitalter; Signs of the Last Day in the Modern Age;

2. Sure el-Kahf und das moderne Zeitalter; Surah al-Kahf and the Modern Age;

3. Eine Islamische Sichtweise auf Gog und Magog in der modernen Welt; An Islamic View of Gog and Magog in the Modern World;

4. Jerusalem im Kor'an; Jerusalem in the Qur'an

5. Dajjal der Kor'an und Ewwel el-Saman; Dajjal the Qur'an and Awwal al-Zaman;

6. Der Islamische Reisebericht; The Islamic Travelogue - 2008;

7. Die Strategische Bedeutung von Träumen und Visionen im Islam; The Strategic Importance of Dreams and Visions in Islam;

8. Der Kor'an und die Sterne – Methodik zum Studieren des Kor'an; Methodology for Study of the Qur'an;

9. Islam und Buddhismus in der modernen Welt; Islam and Buddhism in the Modern World;

10. Das Kalifat der Hejaz und der Saudi-Wahhabitische Nationalstaat; The Caliphate the Hejaz and the Saudi-Wahhabi Nation-State;

11. Der Kor'an Dajjal und der Jasad; The Qur'an Dajjal and the Jasad;

26. A Muslim Response to the Attack on America;

27. The Islamic Travelogue – 2003;

28. Der Kor'an und der Mond – Methodik zur monatlichen Rezitation des Kor'an; The Qur'an and the Moon – Methodology for Monthly Recitation of the Qur'an

29. The Quranic Foundations and Structure of Muslim Society (in 2 vols). Ein Meisterwerk verfasst durch Maulana Dr. Muhammed Fazlur Rahman Ansari (رحمه الله), der Lehrer von Imran N. Hosein.

(Es gibt einige ältere Bücher die in dieser Liste fehlen. Sie warten darauf bearbeitet zu werden um wieder veröffentlich werden zu können *Insha' Allah*.)